U0018979

啟動你內在的成功密碼

巴觀（Sri Bhagavan）——著
傅國倫——編譯

推薦序一

更真實的進入生活、更深入的經驗自己

翁湘淳／棉花田生機園地創辦人

來自合一大學的每個教導，都是承傳自古老的教導。尤其是國倫長年累月不斷的整理、學習、以及分享這些古老的智慧，對於進入黃金紀元的現代人來說，無疑提供了一個方便的知識法門，讓與這本書有緣的人可以去經驗、去學習以及成長。《啟動你內在的成功密碼》不僅幫助每位靈修者更為落地、真實的進入生活，將歷年來所學習到的靈性法則落實在生活層面。在覺知之外，幫助自己更為豐盛，也開始影響周遭的人，種下豐盛的意識，只要我們願意去啟動內在的密碼！讀者們，請好好的享受這本書，完整的經驗，讓學習帶動成長，成長能幫助我們更深入的經驗自己。

推薦序二

走進巴觀的靈性洞見，獲得超越成功的智慧

賴鴻慶（Punitam）／資深心靈嚮導暨《心靈印記》作者

老實說，即使我窮個人畢生努力所能知道的，永遠都無法超越此書涉及的深廣度，拜讀後，心中只有感激。

我曾經是一個無可救藥的愛書人，閱讀已然像咖啡般成為生活裡不可或缺的心靈滋養，那段瘋狂買書看書與樂在其中的年少輕狂，隨著漸增的年齡，看書的雅興竟然逐漸從沉迷中褪色，現在倒是滿享受手中無書那份輕鬆自在。當國倫來信邀請我為此書寫推薦文時，在沒有做什麼考慮下，就答應他了，因為國倫對合

一大學的信任與感激之情，因為他對聖者阿瑪和巴觀的愛與尊敬，皆令人心生感動。拿到書稿後，有一種再度被拉回過往時空重拾書本的短暫錯覺，更讓自己沉浸在與作者神交的喜悅之中。

我從二〇〇六年開始造訪印度合一大學，先後進出那個校區幾回，能夠接受這所靈性成長學校的潤澤，以及意外獲得巴觀單獨達顯的恩賜，那是生命中一段美好的記憶。翻開這本書時，我所看到的不僅僅是文字，而是宛如重返校區，置身在那個意識揚升和靈性鍛鍊的旅程中。我發現這本書其實是整理了很多印度合一大學的靈性教導，涉獵的範疇極為寬廣和深入，只是書名《啟動你內在的成功密碼》，很容易被誤導為一本探討成功學的書籍，但書中的確分享了許多有關成功的法則，又苦口婆心的指引讀者要去超越成功。「唯有當你的意識層次改變時，你才會變得卓越與成功。」——這是一本談「成功」的書。

古今中外的聖者在傳達真理時，都喜歡說故事，因為故事有一種魔力，除了人人愛聽故事的原因之外，故事能夠引領讀者走進不同深淺層次的思維，然後達到「深者見其深，淺者見其淺」的旨趣。巴觀無疑是一位擅長講故事的大師，書中巧妙的穿插了很多耐人尋味的故事，那是在印度合一之旅頗為迷人之處。也許在領悟這些哲學式的教導時，你會不小心陷入頭腦制約程式的迷宮裡，一個活生生的故事，很可能就把你從思維的困境中拯救出來——這是一本有「故事」的書。

存在一直以萬事萬物本來的面目示現，無關乎對與錯、好與壞、美與醜。然而，人類的頭腦卻早已被許多概念和標籤化為程式的運作。我們從出生後，便開始逐步建立一套適合社會生存的程式，並根據這些程式做人處事，導致許多個人在身體、工作、金錢、家庭和關係等層面的問題。這本書詳細的揭露人類有關這些程式建構的原因，以及它所可能導致的痛苦和失敗，巴觀也很慈悲的提出解構這些程式的祕訣和解脫痛苦的方法。真正的問題，藏在你內在的深處，那是你拒絕看見的，所以整個解脫的關鍵就在於「覺知」，很有意識的往內覺知到自己的故事。因為所有的痛苦都只是一個故事，如果我們願意去經驗痛苦，故事就會被揭露出來。這個向內的深觀，能夠轉化原來制約的程式和療癒心理的痛苦——這是一本談「覺醒」的書。

我們每天面對各種生活的情境，都必須以決定來回應，大部分的人並不清楚自己是如何在做決定的。巴觀用一種簡單的方式，來幫助我們明白：「區別人做決定的兩種方式——頭腦和心。頭腦是依據外在因素來做決定；而心則是向內看。頭腦的決定是基於過去的經驗和分析；而心的決定則是基於一個人的直覺和天性。」真正成功的想法，並非源自過去的經驗和概念，而是當下的直覺和靈感，如果你渴望生命成功，就得展開心的修煉——這是一本談「心」的書。

事物的本質並沒有任何矛盾，然而我們對靈性和物質卻存在某種認知上的衝突，有人走向靈性世界而鄙視物質，有人執著物質世界而否認靈性。這本書讀起來好似剝洋蔥的過程，一層一層剝落我們頭腦對很多事物的誤解，就是這些誤解造成衝突和困惑，當頭腦安靜下來時，我們得以有一個機會去瞥見那個內在至高的智慧，不論我們稱呼它什麼，「神」、「大我」、「高層意識」、「宇宙意識」，都不能改變它的本質。在此我想引用巴觀的一句話：「一個成功的人如果不快樂，是會危害社會的；然而，一個失敗的人即使很友善、樂於助人，對社會也沒有助益。」我們這一生最大的渴望是成功與快樂，可以透過所有的努力和依賴神來達成，這是靈性的開花，也是神性的綻放——這是一本談「神性」的書。

在你準備翻閱此書之前，我想邀請讀者們先放下這本書吸引你閱讀的理由，期盼你以更開闊的心量，走進聖者巴觀的靈性洞見，並獲得他遠遠想要給予你無限慈悲的灌頂和智慧的啟蒙。

編譯者序

要取得成功，先提升你內在的狀態

在我們每個人的生命中，都渴望能去實現自己的夢想，擁有富足的金錢，享受豐盛的物質生活，取得傲人的成就、地位和名聲。但有時候，即使我們做了一切努力，嘗試各種可行的方法，實踐新的觀念，學習新的知識和技術，仍然難以達到我們所渴望的成果。

這是因為我們過去的失敗經驗、挫折、關係中的傷痛，以及頭腦裡不時浮現的恐懼和自我懷疑，一直讓我們的內在充滿衝突。無論我們多麼努力想保持正面的狀態，依然會被拉回舊有的負面感覺和混亂之中。所以，我們沒有發揮自己的能力，降低了工作效率與創造力，也使我們的觀點變得狹隘，造成情緒不穩，進而容易和人起摩擦。即使我們非常積極的想去取得成就，而周圍的人們和所處的環境也給予我們相當多的支持，但如果我們在無意識中一直認為自己是無法成功的，我們的內在仍然會有一個頑強的負面力量，不停的將我們向下拉。當我們不斷和自己的恐懼、自我懷疑搏鬥時，就持續的耗損了能量，導致我們無法活出自己真正的潛能，最終使我們功虧一簣。

你無意識中的程式，操控了你的整個生命

影響我們生命最深遠的是：我們無意識裡的程式。觀察一下自己，會發現我們在某些領域特別得心應手，對這方面特別有自信，我們相信只要自己肯努力，用對了方法，掌握住時機，就可以達成設定的目標。即使面臨困難，內心也有終將克服問題的信心。但在其他領域，我們卻感覺無法掌控，非常棘手，甚至是不可能達成的。是什麼原因造成我們對不同的事情，有如此截然不同的反應和感覺呢？這是因為我們無意識裡的程式。

在我們的無意識裡有許多的程式，這些程式操控了我們的觀點、感覺、信念和行為。正面的程式使我們保持正面的狀態，讓我們可以突破困難，創造良好的成果。而負面的程式則使我們處於混亂的情緒中，讓我們難以專注，缺乏效率和創造力，導致失敗。程式決定了我們的表現和成就，最終則會決定了我們的命運。

因此，學習如何化解負面的情緒，改變無意識裡的程式，提升意識的層次，建立正面的心理狀態，對於創造成功的生涯是不可或缺的。

提升內在狀態的關鍵要素

一、發現你的熱情和渴望

問問自己，你渴望在自己的生命中實現什麼？什麼可以觸動你的心？什麼是你渴望探索的奧祕？什麼是你想分享給人們的？什麼是你想在世界上創造的改變？

許多時候，我們是由於匱乏感而去追求。如果我們看進自己的內心，會發現我們往往想要某個東西，是出自恐懼、自卑感、焦慮或缺乏安全感，希望藉由得到一個美好的東西，能讓那些不好的感覺消失，自己就會更快樂、更有自信。但如果動機是源於匱乏感，一方面會阻礙我們想要達成的目標；另一方面，即使得到了原先追求的事物，內在的那些痛苦依舊會使我們覺得自己還是不夠好，必須再達到更大的成就，才會獲得真正的滿足和快樂……在這樣的動機下，我們非但不能享受追尋夢想的過程，也無法享受我們所創造的一切。

因此，我們的動機必須是出於愛、興奮、喜悅和冒險感，而不是因為恐懼、擔憂或匱乏感。當我們發現了自己真正的熱情，那股熱情就會不斷推動著我們勇往向前，去實現自己的目標。

二、淨化負面的情緒和思想

在每個人的內在裡，都有許多過去殘留下來的傷痛。這些傷痛可能是源自於過去的挫折、失敗經驗、關係中的衝突，或是生命初期受到的負面影響。我們不斷被負面情緒和負面思想糾纏、打擾，所以感覺不到自己的心真正的渴望。因為，傷痛淹沒了我們真實的感覺。

每當我們遭遇挫折，或面對未知的情況，內在就會浮現許多的恐懼、焦慮和自我懷疑。我們往往不知道如何處理這些一波波席捲而來的負面情緒。我們可能會裹足不前、想逃離逃避，或是努力與不安的感覺對抗，但都無助於消除困擾我們的那些負面情緒。

因為克制負面的感覺，或努力將負面感覺變成正面的，只會增強負面情緒對我們的影響。對於內在浮現的負面情緒和負面思想，我們唯一能做的就是強烈的覺知到它們，看見它們的存在，並經驗那種不舒服的感覺。當我們經驗負面情緒時，雖然會感到不舒服，但當我們有耐心的和情緒待在一起一段時間，就會看到負面情緒逐漸的化解了。透過面對與經驗內在的恐懼和傷痛，就可以淨化它們，使我們回到平靜和正向的感覺之中。當造成負面程式的傷痛被化解時，程式就會自動轉為正面的，外在的問題也會隨之消失了。

三、建立正面的心理狀態

我們可以透過一些方法，建立起正面的心理狀態：

1. **正確的身體姿勢：**我們的身體姿勢會隨著心情自然改變，同樣的，透過改變身體的姿勢，也可以影響我們的心理狀態。當我們將身體姿勢調整為正面、挺直時，我們內在就會感覺到一股自信和力量。

2. **正向的觀點：**巴觀說：「偉大的領導者都擁有偉大的觀點。」你可以學習你嚮往的那些成功人士所抱持的觀點和思維。對你想創造出來的事物，用正向的觀點在內在看見成功的畫面。專注於一件事情的機會與可能性，有助於我們將這個可能性創造出來。

3. **將焦點放在我們所擁有的：**我們經常對那些得不到的人事物耿耿於懷，卻忽略了我們擁有的一切。學習將焦點放在我們已經擁有的事物上，會讓我們感覺到自己是豐盛的，並使我們建立起豐盛意識。

4. **以正面的方式看待負面的事件：**看見生活中的負面事件是如何對我們的生命帶來正面的影響，意識到我們所遭遇的逆境是如何提升了我們生命的深度、擴展了我們的視野。當我們能夠從失敗和錯誤中學習，就會變得更加成熟，更有智慧，使我們在未來創造出更好的成果。

5. **培養良好的關係：**當我們療癒了關係中的傷痛，關係就會改善。當我們的人際關係更和諧時，就可以讓情緒維持正面的狀態，更有能量去面對生活中接踵而來的壓力與挑戰。

四、藉由神的幫助使我們成功

回顧自己的人生，會發現生命中的各種事件似乎並不是偶然發生的。無形中，似乎有個更高的意識一直在引領我們，使我們一步步踏上該走的道途。這時，我們就會瞭解到，自己在這世界上並不是孤單奮鬥，有個更高的意識、更高的力量持續陪伴著我們，給予我們幫助。

巴觀說：「意圖＋努力＋神聖恩典＝成功。」要取得成就，除了我們個人的意圖和努力之外，還需要因緣具足，才能創造出渴望的成果。透過有意識的與神連結，向神請求，我們就可以與宇宙中無限的資源連結。我們可以用任何想要的方式來稱呼神，祂可以是基督、佛陀、天使、高靈或宇宙能量等等。神並沒有絕對的形式，是我們對神的印象決定了神的特質與回應我們的方式。無論神對我們而言是什麼，重要的是我們要與神建立起深刻的連結。

當我們向神祈禱，神就會給予我們需要的協助。我們可以請求神，幫助我們拓展事業、增加財富、改善關係，或是將負面程式改為正面的，請求神在每一面向上幫助我們。如果我們懂得運用神的力量來實現自己的願望，就等於擁有了一把通往豐盛生活的黃金鑰匙。

五、時時懷有感恩的心

檢視一下自己的生活，會瞭解到我們所擁有的一切，並不是自己獨自努力創造出來的，而是透過許多人的幫助，以及許多機會的來臨，才能有今日的成果。我們在日常生活裡經常忽略了許多美好事情的發生，視它們為理所當然。讓我們留心與記得這些美好的時刻，也許是一個看似不重要的幫助，或是別人對我們的需求給予的友善回應。記得在心中向每一個美好的發生表達感恩。

認出在每一次偶然巧合的背後，神對我們的幫助。感謝神、更高意識或宇宙中更高的力量，並請求祂持續的引領我們，在我們生命中創造出不可思議的奇蹟。同時，感謝生命中淬鍊我們、使我們成長的障礙和挑戰。當我們認出宇宙所給予的每份禮物，就會意識到宇宙的豐盛。當心處在感恩的狀態，我們的心就會綻放，這將有助於讓更多的豐盛進入我們的生命。

當我們化解了負面的情緒和思想，調整為正面的心理狀態，提升到更高的意識層次，我們就可以讓自己經常的保持正向、高頻率的狀態。當我們在正面和突破性的狀態時，我們在工作中自然就會更有效率和創造力，更敏銳的覺察到每個機會，和人們有更好的合作，更能將美好的人事物吸引到我們的生命裡，我們就可以突破所處的情況，創造出更好的成果。

目錄

Contents

第二章　掌握影響生命的宇宙法則

與巴觀同在的夜晚

第三章 和諧關係是成功的基礎

與巴觀同在的夜晚

第四章 與神共同創造你渴望的生活

與巴觀同在的夜晚

第五章　過著成功喜悅的生活

與巴觀同在的夜晚

前言

活出你的天賦潛能，給自己一個精采的人生

巴觀曾說過一則關於金鵰的故事。

在喜馬拉雅山的山腳下，鄰近高聳的峭壁，那裡有巨大的金鵰在天際翱翔著。有個獵人總是充滿渴望的看著金鵰，但他始終無法抓到牠們，因為金鵰總是在高聳的天際翱翔。

有一天，獵人注意到金鵰在峭壁上築巢，他欣喜若狂。隔天，在金鵰離巢尋覓獵物後，獵人攀上峭壁。他在金鵰的巢中，發現了一顆蛋。雖然沒捕獲到大金鵰，但至少有金鵰蛋，於是他取走了巢裡的蛋。回家後，他將金鵰蛋帶到他飼養的雞舍裡，就放在母雞剛產下的一窩蛋之中。母雞以為這是牠自己的蛋，便一起孵化。過些時候，小金鵰就破殼而生了。

小金鵰以為自己也是一隻雞。因此，牠與其他的雞一樣開始啄食蟲子、追逐穀物、吃著飼料，過著像其他雞一樣的生活。一段時間之後，小金鵰長大了。有一天，牠望著天空，注意到在天際翱翔的優雅巨鳥。小金鵰向母雞問道：「親愛的媽媽，那在天上飛的是什麼？」母雞回答道：「親愛的兒子，那是金鵰，牠們是天堂的國王。」小金鵰又問母親：「我也能像那樣飛翔嗎？」母雞回答牠：「不，兒子，你不能，你不能飛。你是屬於大地的，你會這樣活著，也會這樣死去。」小金鵰相信了母雞的話，就這樣生活著，直到晚年。死去時，牠依然相信自己是隻雞。

你聽了這則故事後，有什麼感覺？是覺得悲傷？還是為牠難過？巴觀說，這不過是一則故事，所以我們可以給它一個不同的結局。

◆◆◆◆◆

小金鵰長大了。有一天，牠望著天空，注意到在天際翱翔的優雅巨鳥。小金鵰向母雞問道：「親愛的媽媽，那在天上飛的是什麼？」母雞回答道：「親愛的兒子，那是金鵰，牠們是天堂的國王。」

你認為母雞會怎麼說呢？母雞回答小金鵰：「你不能，你不能飛。」因為牠不過是一隻母雞，牠不能告訴你你能飛。因此母雞只能回答：「你不能，你不能飛，兒子。」你認為小金鵰相信母雞的話嗎？是的，牠相信了。因為牠只是一隻幼雛，所以牠真的相信了。小金鵰告訴自己：「對，我不能飛。」然後繼續啄食著地上的蟲子。

這時金鵰在高聳的天際上，注意到了下面的小金鵰。牠說道：「我的孩子在雞群裡做什麼？」金鵰突然降落到小金鵰面前，對牠說道：「親愛的孩子，你是我的孩子，你也是一隻金鵰，看看你的翅膀，來吧！你可以像我一樣飛翔。」你想小金鵰會怎麼回應呢？小金鵰回答道：「我不能，我不能，我是一隻雞，我不能飛，這是我的母親告訴我的。」但金鵰說：「不，兒子，你可以飛翔，我會教你如何飛翔。」然後母金鵰教小金鵰如何飛翔。小金鵰學習得非常快，牠在幾天內就學會了飛翔。最終，母金鵰與小金鵰一同起飛，征服了天際。

毛毛蟲在成為蝴蝶前會先蛻變成蛹，如果牠要長出翅膀，那就需要先經歷蛻變成蛹的過程。人類也是如此，有些人達成了自己的天命，但有些人卻在情感上、精神上與身體上都沒有完全的活出生命。那些超越自己、達成偉大天命的人，是經歷了成長的人。如果人沒有經歷這樣的成長，他們就會依舊活在相同的恐懼、相同的限制性觀點、相同的歡樂、相同的衝突中，過了三十年、五十年、甚至七十年之久，直到他們的頭髮灰白。

如果你經歷了成長，經歷了足夠深刻、足夠強烈的成長，你的觀點將會跟著轉變。隨著觀點的轉變，你的行為、你的決定就會改變了，因而你生命經驗的品質也會完全改變。

第一章 打造成功的基石

沒有願景的生命就像是沒有目標的旅程。你們每個人都有選擇，是要像一片枯葉般隨風飄浮，或像一支朝目標飛射出去的箭，宇宙會幫助你達到你想要的。

我們每個人在生活中都有夢想，也設定目標，要使這些夢想成真。但在過程中的某些時刻，我們面臨了障礙，使得成功似乎僅是個妄想。這可能是由於缺乏適當的願景、在學習中缺乏專注力、缺乏成功的動機、心態上猶豫不決或是有不必要的分心。這些問題阻礙了我們採取正確的行動過程。

失敗的主要原因，儲存在無意識的頭腦裡，它可能是關係中的傷痛、錯誤的童年決定，或出生時的創傷。**透過改正無意識的頭腦，以及提升到更高的意識層次，就可以改變一個人的未來。**

發現你的天命

幾年前，一個主修應用數學的男孩來見巴觀。男孩的臉上長滿了面皰，臉色蒼白，看起來很絕望。他對巴觀說：「巴觀，我不知道我的人生該做什麼，以前我在學校時很喜歡數學課，但自從我上大學主修應用數學之後，我喪失了所有對學業的興趣，滿腦子都是欲望和暴力的念頭，什麼正事都無法做。我和父母、教授都處得不好，我不知道自己是怎麼了？我對未來充滿了恐懼，我現在甚至不想交朋友。我唯一確定的是，現在的我和剛上大學時的我，已經不是同一個人了。」

巴觀看著男孩的眼睛，告訴他：「依我說的去做，從應用數學轉修純粹數學，你的問題就解決了。」男孩就回家了。幾個月後，他滿懷感激的回來見巴觀，他的面皰不見了，臉上容光煥發，他的問題已經消失了。

巴觀說：「當你不是做著你愛做的事時，你會變得自卑、挫折、暴力與貪求，你的創造力也會降低，變成不快樂的人。不快樂的人無法成功，只會造成別人的痛苦。你的心會枯竭。當心枯竭時，你就會成為平庸的實業家與技工。」

觀察你的生活，你現在做的事情是你真正喜愛的嗎？還是出於恐懼或因為家人的壓力而做，或為了在社會上有個好形象？你清楚自己的想法與渴望嗎？你知道自己的心要的是什麼嗎？只有當你發現你的所愛，並付諸行動，你的心才會覺醒，智慧才會綻放。

這是一位當代陶藝家的生命故事：

他從牛津大學畢業後，即使盡其所能，仍然無法對自己的所學所長產生興趣，他感到不快樂。他回到印度，將畢業證書交給父母後，就踏上了追尋自己內心的旅程。他去許多地方旅行，最後到達南印度的一個村落。在那裡，他看見一位陶藝師在製作陶器，當他看見陶藝家技巧純熟的運用雙手捏塑陶土，將它製成美麗的陶器時，他的心充滿了喜悅。他決定也要製作陶器，成為一名陶藝家。此後，他開始設計精美的陶器，這些陶器被外銷到世界各地，在短短七年的時間內，他就成為了世界知名的陶藝家。

巴觀說：「當一個人做著他熱愛的事情，或熱愛他所做的事情，成功必然會來臨。因為，心的決定總是吉祥和神聖的。」以神聖性來做的事情，其結果必定也是神聖和豐盛的。當你依循著你的心，成功、豐盛與名聲自然會降臨在你身上。只有當一個人發現了自己的天命時，他才能真正從內在的衝突解脫。

如何發現你的天命？關鍵是區分人們做決定的兩種方式——決定是來自於頭腦？還是來自於心？頭腦是依據外在因素來做決定；而心則是向內看。頭腦的決定是基於過去的經驗和分析；而心的決定則是基於一個人的直覺和天性。

在談到天命時，依循自己心的決定是非常重要的。**頭腦會去評估每種職業的優缺點、利益和損失。而心可以實際看到和感覺到你具有的個性、才能和潛力。**有利可圖的職業誘惑著頭腦，而職業本身的喜悅本質才會吸引心。

要發現一個人的天命，很重要的是要關閉所有的分析性思考，進入自己的內在，和神聖高我——即內在神（Antaryamin）——連結。在這種狀態下，頭腦就會安靜下來。透過奧祕的經驗，天命就會顯現出來。

另外一個發現天命的方式，是去感覺自己最愛做的是什麼，並追尋那份天職。

當一個人以這種方式發現自己的天命時，健康、財富和豐盛都會是他的，成功將自然來臨，創造力和智慧會綻放出來，靈感也會源源不絕。你最大的喜悅將是發現你在造物偉大計畫裡的位置，努力實現你的天命。

成功始於清晰的意圖

在生命中創造你渴望的實相，第一個步驟是擁有清晰的焦點、意圖與願景。我們的未來會依據我們意圖的清晰度而展開。在你發射火箭前，必須先定出火箭的方位，否則火箭可能不會登陸在月球上，反而跑到火星了。這就像是你坐在車子裡，司機問你要去哪兒，你卻說：「哪裡都可以，往北、往南、往東、往西，隨便！」沒有計畫的發展，就是這麼荒謬。這並不是說我們計畫的每件事情都會實現，而是凡事都必須有清楚的方向，我們才能進行下去。要建造一座杜拜塔或雙子星大廈，你必須先建立一個夠深、堅固到足以支撐整體建築的地基。它必須滲透到地底，以支撐這樣龐大的大廈工程。如果你挖的是一個只有兩英尺深的地基，顯然不能期望一座巨大的建築物可以矗立於上。生活也是一樣的，你需要建立一個堅實的基礎。

所有偉大的發生，無論是歷史事件、科學發明、龐大的組織或個人的成就，都始於下決定或設定意圖的時刻。**決定或意圖，是一切創造的種子**。意圖是什麼呢？意圖是充滿熱情的願望。每個人每一天平均至少會浮現五、六十個願望，從生活中的小事到比較大的事情。但意圖與願望並不相同，意圖是專注的，它會產生能量，使整個宇宙以你選擇的方向去運作。

◆

幾年以前，有個年輕人熱切的希望自己能成為一名醫生，為當地村莊的平民提供醫療服務。不幸的是，雖然他通過了每間醫學院的筆試，卻無法如願的通過之後的口試。他的夢想幾乎要幻滅了，只好將希望寄託在最後一間醫學院的口試上。他和父親一起搭乘火車去參加最後一場口試。在火車上，一個友善的乘客詢問年輕人的父親：「這男孩的表情為什麼這麼絕望呢？」他的父親告訴乘客整個故事。那乘客對年輕人說：「別擔心，你一定會成為醫生的。」父子倆認為乘客只是在安慰他們，但依然向他道謝。隨後，那位乘客就在途中的某個車站下車了。兩天之後，當年輕人走進大學的口試會場時，發現火車上那個友善的陌生人就坐在主試官的位子上。其餘的就不用多說了。這年輕人後來成為一所知名醫學院的院長，終其一生都為窮人提供醫療服務。

有情的宇宙會協助那些擁有純粹意圖的人。這樣的例子不可勝數。請記住，沒有願景的生命，就像是沒有目的地的旅程。

然而，為什麼有時候儘管一個人擁有最強烈的意圖，卻依然遭遇險阻與障礙？這是因為他的意圖是不正確的。是什麼造成了正確的意圖或是錯誤的意圖？要看意圖背後的動機。你為什麼想要你所想要的？你的意圖背後的驅力是什麼？是來自於和他人比較、想要趕上別人，用來證明自己不比別人差？或是基於仇恨、恐懼的情緒和態度？或者你的意圖是由於愛、滿足、興奮、冒險或對社會與家庭有更大的貢獻？請記住，**只有當你的意圖是全面的、有益的與滋**

養的時候，有情的宇宙才會支持你。否則，當出於錯誤的意圖時，宇宙並不會支持你。當意圖是發自於心時，宇宙會協助你實現，你就會遇到正確的人和正確的事情，意圖將得到實現。

正如種子是什麼種類，樹木就長成那種模樣。如果種子的本質是苦澀的，果實就是苦澀的。如果種子的本質是香甜的，結出的果實也會是香甜的。你的焦點增強了你的意圖。在你思想中持續的焦點是什麼？你都想些什麼？你專注於你想要的，還是你不想要的東西之上？你的焦點或意圖，就像是給你的車子一個前進的方向，而你在內在所持續看見與感受到的，就是你將前往的地方。持續專注在你的目標上，而不要一直想著會不會出問題。在這路上，你也需要修改你的目標與修正路線。因為你周圍的情況一直都在改變，所以你也要做出相應的調整。

擬定長期的計畫，想想從現在起的五年後、十年後、十五年後，你會在哪裡。擁有長期計畫的人通常不會失敗。但人們害怕做長期的計畫。你必須先有一些短期的計畫，但短期計畫又經常會失敗。成功的祕密在於：**短期計畫通常會失敗，而長期計畫則不會失敗**。因此，對你的事業、學業、關係等擬定長期的計畫，要很清楚你想要的是什麼。

保持在突破性的狀態

如何保持成功？一直在「突破三角形」中的人將是成功的人。巴觀曾會見世界上資產價值超過九百億盧比的成功人士。巴觀說，在他們身上可以觀察到一個共通點，就是他們一直都在突破三角形裡。

什麼是突破三角形？突破三角形是個尖端向上的三角形。三角形的底部是你的「身體姿態」，三角形的第二邊是你在那一刻的「感覺」，第三邊是你在那一刻對正在做的事情的「焦點」。「焦點」則由心理圖像、內在對話，以及你所說的話語所組成。

1. **身體姿勢**。譬如，當一個商人與客戶交談時，試圖獲得對他最有利的一筆交易，最重要的是，他的身體姿勢必須是正確與正面的。如果他的身體姿勢是不正確或負面的，那麼即使他要銷售的產品很好，客戶也不會購買。因此，我們要經常檢查自己的身體姿勢是不是正確與正面的。我們可以從現在就開始嘗試。

2. 當你與另一個人交談時，你有什麼**「感覺」**？如果你對自己、對你說的話有不舒服的感覺或缺乏自信，就注定會失敗。因此，經常檢查你內心有什麼感覺。

3. 三角形的第三邊是**「焦點」**，它包括三個東西：第一是心理圖像，在你的腦海裡，對於正在做的事情，產生什麼心理圖像或視覺圖像？譬如，當你與一位想從他那裡得到一筆生意的客戶交談時，你是不是有一幅「交易已經達成、訂單已經取得」的心理圖像了？或者你的心理圖像一直懷疑著：「這訂單可能從我手中溜掉」、「客戶會有更好的供應商」或是「我是不是能夠滿足客戶的要求？」等等。如果你的心理圖像是充斥著懷疑的話，請檢查一下。

你腦海中流過的影像也有很大的影響。譬如給你一支掃帚，要你將房間打掃乾淨。如果你內在流過的影像就只是一支掃帚，你就不會全心全意的打掃。但如果你的影像是「將房間打掃乾淨後，人們就會讚賞你」，你就可以用更好、更有效率的方式來做相同的清掃工作。

內在對話是當你與另一個人交談時，在你內在進行的對話。如果內在對話與外在所說的話相反，你的努力就不會成功。再來是，你所說的話語。不要說出不好、不相關、不必要的話，你說出的話語必須是有建設性與正面的。如果你使用正面與自信的話語，另一個人就會接受你的提議。永遠不要說：「我沒有，我不需要。」永遠要說「我想要」，而不是「我沒有」。因為如果我們一直習慣用負面的方式說話，有時即使在良好的狀態時，仍然會用慣有的負面方式說話，這會破壞並損害我們。「這會不會發生？」、「我會不會通過？」等這類內在對話與衝突，會使我們無法得到希望擁有的東西。

如果你沒有在突破三角形之中，就會處於「失敗三角形」裡。失敗三角形是一個倒三角形。在其中，你的身體姿勢是不正確的，這會導致負面的感覺，你就不會專注。在這種情況下，你注定會失敗。我們必須從身體姿勢開始。你的身體姿勢必須就像是富有的人，這會讓你產生富有的人的感覺，而這些感覺又會使你的身體姿勢像富有的人。身體姿勢和感覺有相互關聯。持續改正你的身體姿勢，練習十五天。正面、挺直的身體姿勢可以帶來正面的感覺，你就會有一個正面的心理圖像，並且會越來越專注。你會說出你內心所想的，不會有任何充滿心理評判與心理衝突的內在對話。由於「外在世界反映了內在世界」，任何在內在發生的都會以完全相同的方式顯現於外在，你正面的內在會帶來外在的成功。如果你持續練習了十五天，這就會永駐於你的大腦裡。你就會成為成功的典範。

每日沉浸在突破三角形中：

突破三角形＝成功

失敗三角形＝失敗、恐懼、不健康、負面感覺、負面情緒等永遠不要沉浸在失敗三角形裡。覺知到失敗三角形的特性，將自己轉換成突破三角形。突破，對於每個人來說，都是生活的必須與必要。突破，可以是在健康、財富、教育、家庭關係或任何其他的領域中。突破，在一個人的生命中是必須的。為了實現這些突破，有正面的立場與堅定的決定非常重要。

如果你處在失敗的過程中，你必須觀想生命最快樂的時刻，與那種快樂的感覺同在。當你這麼做時，幾秒鐘之內，你就會立即進入突破三角形。當你做這項練習時，你的表情也會跟著改變，在你臉上會出現一抹微笑。

可以從七個方面去檢查你是不是處於突破三角形裡，包括：**身體姿勢**、**感覺**、**心理圖像**、**話語**、**內在對話**、**正面的信念系統**，**以及堅定的立場**。我們必須在這七個方面都是正面的，讓自己像一位富有的人。

珍視金錢的價值

如果你想要豐盛，首先你要尊重金錢。不要看低金錢，而且要渴望金錢。充滿熱情、專注，並做出正確的努力，豐盛就會發生。你必須先尊重財富，如果你缺少了對財富的意圖，再多的努力也不會使你變成有錢人。意圖可以滋養、驅使、支持你的努力。當你對豐盛有熱情時，就會專注，然後再藉由專注，做出正確的努力。你不能只是說：「我將一切都交給神。」豐盛不會以這樣的方式發生。除非你先專注於上，否則豐盛不會發生。不會僅僅因為你愛錢，就使金錢從樹上掉下來。你必須以適當的意圖、願景、熱情與專注，做出正確的努力。

◆◆◆◆◆

有一位合一大學的指導老師曾拜訪英國，與當地的人舉行會議，借住在蘇格蘭一座巨大的古老城堡裡。當指導老師一行人準備吃午餐時，一個小男孩突然走進餐廳。他的名字叫做羅賓，年僅六歲。羅賓剛從學校放學回來。他向在場的每個人說，想讓大家看看一個很重要的東西，他告訴他們：「在我給你們看這個東西之前，你們不能吃午餐。」於是，他拉著指導老師的手，進入宛如迷宮的城堡通道。他們穿過幾個房間，到達了「羅賓的店」。那裡販賣獎章、照片與繪畫。

羅賓甚至有一台筆記型電腦，用來追蹤所有的銷售與收入。指導老師問羅賓，他最喜歡的科目是什麼？羅賓充滿熱情的回答：「賺錢！」他的回答如此斬釘截鐵。指導老師對羅賓話語中的肯定態度感到非常驚訝。

當指導老師回到自己的房間時，心想在這座巨大的城堡裡多麼容易迷路，而他意識到無論走到哪裡，到處都有箭頭指向羅賓的店。他知道任何進入這座城堡的人最終都會到達羅賓的店。因為在這座城堡裡，任何地方都有明確的指標一路指向羅賓的商店。

在一次午餐後，羅賓突然帶著剛爆好的一袋袋新鮮爆米花進來，爆米花都用極好的包裝袋子裝著，每個袋子上都貼了一英鎊的價格標籤。但沒有人感興趣。後來有人在羅賓的耳邊低聲說了一些話，羅賓就離開了房間。不久後，他又帶著爆米花進來，袋子上貼著二十五便士的新價格。羅賓還給指導老師一袋免費的爆米花，讓指導老師突然變成銷售爆米花的代言人。

羅賓對於賺錢如此著迷、清晰明確，而且專注。他也喜歡賺錢。可以預見，有一天羅賓會成為一個成功的商人。羅賓擁有意圖、願景與專注。在僅僅六歲時，他就已經如此努力工作，甚至在城堡各處都放了指標，並懂得用電腦記帳，這就是專注。

巴觀說：「豐盛與貧窮取決於你的想法。如果你的思想有缺陷，就會導致失敗與混亂。崇拜貧窮的人，是對『超然』有錯誤的認知，這會毀壞了自己的生命。人們常認為『靈性的人』應該是超脫塵俗的，不該看重金錢與物質豐盛。讓我告訴你，**創造財富與成功本身，就是靈性的修行，因為這需要專注的頭腦、創造力與辛勤努力。如果人們瞭解『創造豐盛，並將豐盛分享給別人』是超凡的靈性活動，他們會變得更快樂，並負起創造更好世界的責任。**」

不尊重外在世界的人，總認為物質世界或追求物質是比較低等的，應該要心起厭惡，不去追求。很多人認為追求物質是不靈性的行為，它會使你遠離覺醒，或不是合一的。如果你是這種虛幻概念的受害者，你就不會在生命中吸引財富，因為內在的你完全不尊重財富、繁榮和豐盛。在你的內在深處，其實你重視和喜愛貧窮，認為貧窮是靈性的象徵。如果這是你的情況，那麼在你生命中，你就不會吸引財富。

你必須覺知到這些限制性的概念，也許是出於某些宗教制約，讓你認為內在世界與外在世界無法並存，所以你只能選擇其中之一。由於某些原因，你相信你只能擁有內在狀態或外在豐盛的其中一種。但這並非事實。如果你可以覺知到自己內在的這種限制性信念，祈禱這種信念消失，讓繁榮與豐盛進入你的生命，你就會得到它們。

當然，賺錢有可能是出於自我中心的追求，是以囤積金錢的態度去賺錢。**許多人是由於不安全感和貪婪，才去囤積金錢。然而，創造財富也可以是一種美德，可以為人、事物增添價值。**以適當的方式來賺錢，是一種靈性活動。如果你能賺取金錢，並用你的工作來幫助人們，這將是一樁好事。你是運用自己的創意、天賦和智慧，讓事物變得更加美麗、更有價值、更具實用性。

建立帶來成功的正面程式

每個人都夢想擁有成功和喜悅的未來，渴望功成名就，但只有少數人達成了這些目標。為什麼有些人成功，其他人卻遭遇失敗？為什麼我們在某些領域成功，卻在其他領域失敗？

巴觀說：「無論是我們的財富、健康、人際關係、成功與失敗，或任何發生在我們生活中的事情，都被無意識頭腦中的程式所控制著。在一個人生命中會發生的好事情，是由於他無意識中的正面程式。同樣的，發生在一個人生命中的負面事件，也是因為他無意識中的負面程式。所有的問題都源自於無意識，我們必須改變自己的程式，才能改變生活。」

每個人都以特定的程式運作。程式決定了一個人會成功、還是會失敗，在一生中會保持健康、還是體弱多病，會培養和諧的關係、還是充滿問題的關係，會一帆風順、還是困難重重。你在關係中會經驗到喜悅和愛，還是感覺受傷和被拒絕，都取決於你的程式。你對成功、失敗的想法，對婚姻、金錢、生活和人們的想法，這一切也都是你的程式所決定的。程式不僅決定了你的想法，你對成功、失敗和關係的經驗，也都取決於你的程式。

有個富裕的商人在該行業全國馳名，但他卻經常對財富感到蔑視，這讓他無法體驗到成功的喜悅。他的家庭在他小時候經歷了極嚴重的財務危機。兒時貧窮讓他無法表達和滿足自己的渴望，後來又遭受了屈辱的經驗，使他更痛苦。他的自尊心受到了傷害，於是下定決心要成為富有的人。在生命的後來歷程中，他確實達到了他的希望，但他卻對成功感到窒息。他的程式使他富有，卻不允許他體驗到豐盛的喜悅。因為這是在受傷和屈辱的時刻所做的無意識決定。由無意識產生的經驗也是分裂的，不允許他去品嚐自己的勝利滋味。

如果你在生命中的任何時刻違背了你的程式，它就會擾亂平衡。程式具有重複性和強制性的特質。如果你被設定為失敗的程式，那麼即使外在的環境、情況和人們都支持你，你的程式仍然會體現出破裂的情緒和失敗的現實。你可能有一個疼愛你的家庭，但如果你沒有支持性的程式，你依然會感到不被愛。這可能是源自於你誕生的那一刻，或者在你青少年時期受到學校老師的批評所傷害，而形成了負面的程式。你不僅會因此經驗到混亂的情緒，還會透過你苛刻的言論激怒人們，為自己創造出充滿敵意的環境。由此產生的反應和事件，又會反過來增強你的程式，接著又創造出更多類似的情況。

人們受到影響的基本程式有三種，依序是初級程式、次級程式和三級程式：

1. **初級程式：**這是在受孕到六歲之間形成的。當孩子受孕成胚胎時、在母親子宮內、分娩出生時，父母的思想，以及那些來看孩子的人們對孩子的評論，都記錄在孩子的無意識中，形成了人們的初級程式。初級程式掌管了你生命中所有重要的事件。

2. **次級程式：**這是在六歲到十二或十四歲之間形成的。受到學校、父母和老師的教育影響。

3. **三級程式：**這是從十四歲起形成的。你所處的社會、閱讀的書本、看過的電視節目，都會促成了三級程式。譬如，作為佛教徒、基督教徒、回教徒或印度教徒的宗教信仰，是源自於三級程式。

初級程式是最強大的，次級程式次之，三級程式再次之。如果你希望在生活中有真正的改變，你必須先改變初級程式，那麼次級程式和三級程式就很容易處理了。

有許多的程式在無意識中運作，包括沒安全感的程式、恐懼的程式、容易感到受傷的程式、缺乏信任的程式。以上這些程式都是破壞性的。另一方面，也有具建設性、正面的程式。正面程式會造成正面的事件，負面的程式會造成負面的事件。程式會吸引與它們的性質相應的人事物。

簡而言之，這些無意識的程式控制了你的心理狀態和你的命運，並操控你的決定、反應和經驗。不幸的是，大多數人都沒覺察到無意識的層面，沒有覺察到自己的生命是被無意識所掌控著。一旦我們對這些程式有足夠深入的瞭解，可以讓我們知道為什麼事情會這樣發生，我們就不會一再卡在外在的因素中，而是試著去改變自己的程式。當你在無意識的程式改變時，你的生活歷程和生活體驗就會隨之改變。

無意識是一個人生命中所有恐懼、創傷和負面決定的儲藏庫。無論是在母親子宮內所經驗的恐懼和痛苦、兒童期初期的創傷經驗，以及不被自己接納的部分，全都儲存在無意識中。就是它們造成了各種的疾病、上癮，以及關係中的負面行為和憤怒。

巴觀說：「你必須發現製造問題的負面程式。**當你看見負面程式時，負面程式就不再有影響力了。**你所必須做的是去發現它，僅此而已，隨後程式就會消失了，而負面程式所造成的問題也會跟著消失。當你練習去看見自己的內在，覺知到你內在發生的一切時，你就可以改變自己的程式，這些問題就會自動被導正，你的生命就會改變。只要一點點的瞭解和一點點的努力，你就能夠改變自己的程式。」

當你處於困境、衝突或失望之中，無論是在你的關係裡，或在你的工作上，你都必須將注意力轉向內在。當你沒有覺知到無意識時，它就會控制著你。一旦你覺知到無意識的程式時，它就喪失力量了。你在成功之路上的障礙就會被化解，因為你的外在世界不過是反映了你的內在世界。當你接納了自己沒有被接納和被壓抑的部分時，負面能量就會被釋放，問題就消除了，模式就化解了，而你的外在情況也就會變得順利了。

以超凡的方式回應生命中的挑戰

宇宙是依據挑戰和應對的法則在運作著。所有的物種都受到大自然的挑戰，當一個物種有能力回應這些挑戰時，就能存活下來，而且還會不斷興盛下去。每當有一物種無法適當的回應特定的挑戰時，無論挑戰是來自環境、食物或繁殖能力，這個物種就會滅亡。

基本上人們有三種回應挑戰的方式，依序是：較差的回應、中等的回應與超凡的回應。當文明、社會、組織或個人以超凡的方式回應挑戰時，他們就會為自己開創一個燦爛的未來。

聖雄甘地在學生時代，只有很普通的智慧和能力。他是中產階級、中等膚色、擁有一般的智力、平凡的外表，甚至能力也只是平均而已。這是聖雄甘地對自己的評價。甘地原本在印度從事律師這行並不順利，後來他的兄長將他送到南非，希望他在那裡可以有所發展，於是甘地就在南非開始接印度人的案子。

甘地在南非待了一段時間，那時他還沒有遇到種族隔離政策造成的傷痛與苦難。直到有一次，甘地搭火車前往普勒多利亞。他買了頭等車廂的票，但在火車上，有一位頭等車廂的乘客與查票員卻請他挪到其他等級的車廂。甘地拒絕了，他說：「我買了頭等車廂的車票，我就會繼續坐在這裡。」在發生一些爭執後，列車半夜停在彼得馬利茲堡的小站，甘地連同他的行李被很難堪的扔出車廂。甘地躺在地上，在寒冷與屈辱中顫抖著。在一片漆黑中，他得到了領悟。

在甘地面前有三個可能性：第一個可能性是被發生的情況傷害，立刻回到印度。他大可說：「我拒絕這樣的侮辱。」覺得自己被羞辱、受到傷害，這是較差的回應。

第二個可能性是中等的回應。他要先完成還在南非進行的案子，然後回到印度。一輩子念茲在茲的說：「我永遠不會再生活在這些羞辱我的人之中。」這是中等的回應。

第三個可能性則是留下來完成案子，並為如此深深傷害他的種族歧視去抗爭，努力減輕那些與他遭受同樣痛苦、經歷類似傷痛的人的不平等情況。

當深更半夜，這三種可能性清楚的浮現在甘地的面前時，甘地選擇了第三種反應，他選擇以超凡的方式應對。就是在這個時刻，聖雄或偉大的靈魂在甘地的內在誕生了。

巴觀說：「一個戰士可以輸，但不會被擊敗。」不要讓情況決定你的狀態，而是讓你的狀態來決定情況。我們每個人都擁有選擇權：對我們所面臨的挑戰，可以選擇用中等的方式回應、以較差的方式回應，或者選擇以超凡的方式來回應。

與巴觀同在的夜晚

如何發現自己的人生使命？

找到生命的目的是非常重要的。如果你不知道自己的人生使命，那麼你只要與「不知道自己的人生使命」這個事實待在一起。你不須嘗試使用你的頭腦來發現它是什麼，因為頭腦在這方面並無法幫助你。**只有當你不再思考時，它才可能變得更清晰。**因此，重要的是看見自己的內在，就是持續觀照你的頭腦，看見你頭腦中發生的事情。你必須進入自己的內在，意識到你不清楚自己生命的目的是什麼，與這事實待在一起，不要離開它。當你越來越能看得見自己時，試著看得越來越深入。只是持續期待著答案，不要試著去創造答案。你要期待著答案，與「不知道自己人生使命」的事實待在一起。然後你從內心深處，就會確切的知道自己生命的使命和目的是什麼。

只是靜靜的待在那裡。有時在開始播種新的農作物之前，土地必須保持不動，休耕一段時間，這是為了讓它變得肥沃。你必須保持安靜，與這道理是類似的。安靜的活動，不是漠視或睡著了，只是與「你不知道」這事實待在一起。你必須強烈的意識到它，然後答案就會來臨。

甘地生前在全國各地遊走，不知道如何讓印度獨立，該做什麼才好。殖民印度的英國是個強大的國家，無法靠暴力讓印度獲得獨立。甘地不知道該怎麼做，因此他只是坐著，與「我不知道」這事實待在一起。數個月後，有一天他突然想到，我們應該抵制英國的鹽。這是一個非常有趣的想法，英國是個強大的帝國，透過抵制鹽可以讓印度從英國獲得獨立？他心想：「對，就是這樣。」於是，他開始實踐使命，很快的上億人加入他，最後印度就獨立了。

這不是我們可以構思或想出來的主意。不！我們只是認清「我不知道」這事實，突然間，深刻的真理就來臨了。這可以發生在任何人身上。如果你保持安靜，一個巨大的過程就會在內在發生。如果你持續思考和抗爭，你就會破壞了這個過程。但如果你就是靜靜的待在那裡，就是想著：「我不知道，我很納悶。」持續練習看見自己的內在，也許在兩天、三天、五天，或著一般來說可能是在六個月之後，你的人生使命就會清晰的向你揭示。一旦你的人生使命向你揭示，它也會自動的開始履行。

天命是什麼？

天命有兩個涵義，一個是指你的本性。如果你本性是個凶暴的人，你就不該參與任何和平運動，你應該去加入警察或軍隊，那是最適合你的地方。如果你的本性是在歌唱上，那你就應該成為一名歌手。如果你身體的基本性質是在舞蹈方面，那你就該成為一名舞者。這是天命的第一個涵義，就是實際的瞭解你的本性，並依此來行動。就像克里希納告訴阿朱那：「你的天命是去戰鬥，而不是談論和平。」所以你必須瞭解你的本性是什麼。你是屬於風（vatha)、火（pitha）、地（kaptha）的哪種體質？在你內在，悅性（sattva）、變性（rajas）或惰性（tamas）是否有哪一方面特別顯著？你的組成是什麼？依此，你必須忠於自己的本性。

天命的另一個涵義是發現你人生的使命。神給了每一個人特定的使命，你必須清楚的瞭解，並依此來生活。要讓這發生，你必須發現神。很多人都已經失去了與神的連結。當你與神重新建立起連結，你就可以與神交談，神就會告訴你你人生的使命，然後你就依此來生活。這是天命的另一個面向。

人生於世，每個人都有個目的。你不是沒有目的而來的。每個人的背後都有來到這裡的原因。當你發現目的時，就不再有衝突了。相反的，當你還沒發現自己為什麼來到這裡時，就會產生衝突。問題在於你一直在尋找天命。你還沒發現你的天命，那你必然會活在衝突中。當你發現你為什麼來到這裡時，衝突就會消失了。當我們實現自己的天命時，就會感到很深的喜悅。

培養什麼樣的人格特質有助於願景的實現？

要擁有一個清晰的願景，我們必須至少擁有四種很強的人格特質。這四種人格特質是：國王的人格、戰士的人格、魔術師的人格與僧侶的人格。國王的人格是頭腦清晰且果斷；戰士的人格永遠不會厭倦於戰鬥；魔術師的人格認為一切都是可能的，沒有什麼是不可能的；僧侶的人格則過著簡單樸素的生活，完全超然於任何的情況。

人們要認真練習這四種人格特質，並培養它們，將它們應用在生活的各種情況中。當人們持續應用這些人格特質時，某些奇妙的事情就發生了，就像是一部電影，他們就會得到自己生命的完整願景，知道做什麼事情是最棒的，什麼是自己喜歡去做的事情。這些連結會很自然的發生，他們就會知道該如何去做，願景就會實現。

心的渴望和頭腦的欲望有什麼差別？

在二千五百年前，佛陀放棄了欲望，放棄了他的王國。他在苦修後，得到了開悟。他給予世界的訊息是：欲望是受苦的根源，因此必須放棄欲望。佛陀實際上有兩個陳述：心的渴望是完全沒問題的，而頭腦的欲望則必須放棄。你的渴望必須發自於心，神會成全它們。如果你覺得開車非常棒，這是發自於心的渴望，它就會被實現。但如果是因為你的鄰居開著不錯的車，所以你才想要一輛更好的車，這就是來自於頭腦的欲望；這是不好的，就不會被實現。所以，你必須發現心的渴望。

頭腦的欲望是源自於比較、嫉妒等因素；而心的渴望並不是因為比較、嫉妒、沒有安全感，就是喜歡這麼做。譬如，一個人喜歡拉小提琴，不是因為他想成為世界上最有名的小提琴家。如果他不是出於這樣的動機，只是因為他喜歡拉小提琴，那顯然這就是發自於心。

但我們從來沒有允許孩子的心綻放，孩子從來沒有被允許做自己，所以要有這種經驗有點困難。但如果你從看見自己的內在開始，很快的，你的心就會綻放，你就會在生活中看見清楚的差別。你會看到喜悅回來了，感到很快樂。當你看著人們，你就會感到很快樂，絕不會對人心生厭煩。很多時候，你都對人心生厭煩。如果當你看到一個人時，你有得到能量，這表示你的心是活躍的。當你看到一個人時，無論那個人是誰，你都會得到能量，這表示你的心是敞開的。當你的心敞開時，渴望自會從心中浮現。唯有那時，你才活著像個人，否則的話，你不算真正的活著。

如何建立正面的心理狀態？

你越想從正面去思考，來的卻是更多負面的想法。這就是為什麼試著站在鏡子前面，反覆說一些激勵自己的話，永遠不會奏效——因為反饋是負面的。正面思考會導致負面想法。因此，**祕訣並不是正面的「思考」，而是正面的「感覺」**。這就是為什麼我們要你在祈禱時對你渴望的事物有情感。情感也不是正確的描述，實際上就是「感覺」。感覺，沒有任何的阻力，因而也不會有心理障礙。

怎麼做才能產生正面的感覺？我也會告訴你這個祕訣。

你必須產生感覺十二分鐘，然後重複七次，這就可以化解心理障礙。**透過頭腦，你永遠都無法產生正面的感覺，你必須運用身體才能產生正面的感覺**。譬如，如果你是個懦夫，但你想成為勇敢的人，首先你可以在自己的房間裡，練習像獅子般的走路，先改變你的姿勢，勇敢的說話，產生勇敢的感覺，直到十二分鐘。每天做一次這種練習，連續做七天，就會慢慢化解心理障礙。接著，你要在更多人面前這麼做。你可以聚集家人，在他們前面這麼做之後，再到更大的團體去練習。最終，障礙就會完全消失，無意識的部分就被移除了。其他的問題也可以如法炮製。譬如，你想要變有錢，這是很容易的。一個從安得拉邦來的農夫做過這個練習之後，在十六天後得到了六百萬盧比。你必須像一名百萬富翁般坐著、行走、說話。當你有感覺時，頭腦就不會質疑，也就能摧毀負面程式、嵌入新的程式了。不要用頭腦來做。

當你移除了心理障礙，生命中的一切事物都可以達成。

如何維持突破性的狀態？

你必須做的是：

一、你不能睡到很晚，你必須在日出前起床，這是非常重要的。

二、最重要的是，每天都以感激父母來開始。

三、不能吃得很飽，吃飯時，給胃留一些空間。

四、晚上睡覺前，你必須坐下來一會兒，觀看一天發生了什麼，以及你的頭腦是如何運作的、你有什麼感覺，你如何逃離自己的思想、逃離它的醜陋，然後試著面對它一段時間，再去睡覺。你會發現當你強烈的覺知到自己的醜陋，衝突就消失了。於是就會有顯著的改變，你在靈性上也會有所成長。

如果這些都維持得很好，要將你的身體放進美麗的節奏與突破性的狀態，是綽綽有餘的。

如何擁有高度的專注力？

你必須有個專注的頭腦，可以集中注意力和認真思考的頭腦。

頭腦、呼吸和亢達里尼形成一個三角形。如果你改變其中一角，就會影響其他兩個角。如果呼吸不持續或不穩定，頭腦也不會持續和穩定。

同樣的，如果亢達里尼振動過多，頭腦就會不穩定。外在的溫度、氣壓、你身邊的人是什麼類型，以及你的飲食、你穿著的衣服等許多的因素，會讓亢達里尼開始振動。當亢達里尼振動時，頭腦就會變得不穩定、無法專注。呼吸也是如此，實際上呼吸是非常關鍵的要素。呼吸必須深入，而不是淺吸快吐。大多數人甚至不瞭解如何呼吸，這就是為什麼我常說學校應該從小教育小孩如何確實的呼吸。

你必須深吸慢吐，而不是淺吸快吐。當你確實的深入呼吸時，就會發現頭腦變得穩定。亢達里尼和呼吸這兩項沒有導正，頭腦將會非常不穩定。如果你無法做到以上，你可以在內心請求神，神就會將你的頭腦穩定下來，你就會有一個非常專注的頭腦。

如何擁有聰明才智？

我們的內在充滿了許多的衝突。首先，你必須意識到內在的衝突。接下來，你必須覺知到這些內在的衝突。當你越來越覺知到你的內在衝突，才會有內在的接納。當你有內在的接納時，聰明才智就會綻放。

內在平靜是內在沒有衝突和喋喋不休。當內在平靜時，就沒有能量的浪費，能量就能在外在世界帶來成功與豐盛。

如何成為有創意的人？

在辛勤工作和認真思考之後，如果你能將你的思考過程放到一邊，你就會變得很有創意。要成為真正具有創意的人，你必須停止思考。當這發生時，某些東西就會發自於內在，那才是真正的創意。

然而問題是，你如何將思考過程放到一邊？僅僅將思考過程放到一邊，你還不會成為具有創意的人，因為你也必須先努力認真思考。如果你可以真的努力思考，然後學會將思考過程放到一邊的藝術，之後你就會發現創意自然而然的來到你的意識中。你可能是在設計引擎或從事某個新設計的工作時，創意就自動浮現了。這個過程是在內在進行的，是你無法覺察的，創意就是乍現了。**創意萌發於寂靜之中。**

如何創造更多的金錢？

首先，你要非常清楚為什麼你想要有錢。你需要的金錢是為了滿足你的需求、為了讓你感覺到自己的重要性，或是為了幫助別人？你必須對此非常清楚。

再來是，你必須培養豐盛意識。也就是說，你必須意識到一切你所擁有的。如果你是一個乞丐，你必須意識到你的乞討碗——將你的乞討碗看做一項資產。一切都必須被視為資產。你的父母、妻子、丈夫、孩子、工作、房子、家具，一切都必須被有意識的視為一種資產。**不要將焦點放在你所缺乏的，而是將焦點放在你所擁有的。**

第三，你必須不斷的檢視你的生活，學習以正面的方式來看待一切負面的事情。以正面的觀點來看待所有負面的事情，是可行的。如果你能做到這一點，那麼得到財富的意圖和願望就可以很輕易的實現。

你會得到連結、連繫和機會，它們無所不在！賺錢的機會無所不在，但問題在於你有沒有看到它們。如果你可以改變你的觀點，得到豐盛意識，以正面的方式看待所有的事情，並且非常清楚你為什麼想要有錢，就會看到機會的到來。所有的事物，包括連結、連繫和突破，一切都會到來。於是很快的，你就會得到你想要的足夠的金錢。

我們已經在印度的村莊做到了這一點，成績卓越，達成驚人的效果。我們選了二、三千人的小村落，以非常緊湊的方式對他們工作。譬如，我們到了一個只有簡陋小屋的村莊，但今天，那裡已經隨處可見都是鋼筋混凝土的建築物，沒有任何一間簡陋的小屋了。幾乎所有的年輕人都成了工程師，他們也買了車子。這些人曾經生活在很差的狀況中，住在泥造簡陋小屋裡，村裡沒有一輛車子，也沒有冷氣設備。如今，村裡人人都有舒適的房子、冷氣設備、良好的居住環境，這一切都到來了。我們只教他們這個，然後給予他們合一祝福，事情就發生了變化。因此，獲得財富是可能的。在我們看來，這是最容易實現的事情之一。

提升內在狀態最重要的要素是什麼？

最重要的是與自己接觸。如果你是個傻瓜，智慧就是從那裡開始的。就是說：「我是一個傻瓜。」做這個，接著看看。奇妙的是，你就會發現自己變聰明了。如果你沒有效率，並不是想像自己很有效率。而是與你沒有效率的事實待在一起。奇妙的是，大腦就會進入另外一個模式，使你變得聰明。

所以事實是非常重要的，關於什麼的事實？關於你自己。如果你仔細看很成功的人，很多時候你會發現他們非常的與真實接觸。而失敗者在各種想像的背後，他們談論著從事這個生意、那個生意，要做許多美好的事情，要成為世界上最富有的人。但當你在五年後再看見他時，會發現他依然一無所有。

站在鏡子前，對自己說：「我是世界上最成功的人，我是世界上最有權勢的人。」這一切都不會對你有所幫助。這是你在一些心理學和正向思考的書中會讀到的。有時候，正向的思考會加強你的負面性。當你說：「我很好。」你內在的某個東西就會說：「不，這不是真的。」所以，你只是在強調這一點。另一方面，如果你去面對它，說道：「我就是如此。」你將會看到自己自然的到達應該到的地方。

這就是為什麼我們一直強調看見自己內在的事實。這麼做，然後看看發生了什麼。你必須練習。一開始會很難，但會越來越如意，因為你可以看到這麼做的效果。當你有恐懼時，如果你接觸自己的恐懼，恐懼就會開始講述它的故事。在敘說它的故事之後，恐懼就消失了。你這麼做，就會看見。這必須實際的進行。恐懼才會消失。如果你試圖掩蓋恐懼，對自己說：「不！不！我不會害怕它，我不會恐懼它。」這麼做，真的不會有任何幫助。

這是通往成功最短的途徑。

什麼樣的態度有助於我們賺取金錢？

我們必須瞭解牟利和創造財富之間的差異。牟利是無知的追求，你可以靠賭博贏錢，或是去賽車獲利。另一方面，**創造財富則是靈性的活動——創造財富是**

為事物和人們增加價值的能力。譬如，你成立了一間學院，訓練年輕人，創造出有生產力的公民，他們可以為國家創造出財富。或者你創辦了一間企業，雇用許多人，使社會更富有。財富總是有流動的傾向。

在印度，對金錢有個稱呼：nanayam，這個字的意思是「誠信」。如果你是正當的賺錢，它表明了你對社會的貢獻。你為社會做了這些，所以你得到那麼多的金錢回報，它是你貢獻的指標。

你創造和持有財富的能力，是由你與金錢的關係決定的。就像其他的事物一樣，金錢也是能量的一種形式，會被與它本身相似的能量所吸引。你與任何事物的關係，決定了你會吸引或排斥哪些東西。金錢並不是獨自存在的，金錢始終和持有它的人的能量有所連結。不同的人依據他們各自與金錢的關係，以各種方式經驗著金錢這件同樣的東西。

富有的人知道金錢很重要，這就是為什麼他們會有錢；貧窮的人認為金錢不重要，這就是為什麼他們沒有錢。你可以想像：如果你不停的告訴你的伴侶，她是不重要的，你認為她會與你在一起多久？你重視的事物會越來越豐富；而你不重視的事物一定會越來越稀少。要知道金錢是重要的。重視金錢，但不執著於它。建立與金錢的健康關係：也就是你珍視金錢，但不執著於金錢。

你賺錢的動機是非常重要的。如果你賺錢的動機是來自於恐懼、憤怒或需要證明自己，那麼金錢永遠不會為你帶來快樂。憤怒和需要證明自己也是恐懼的形式，這是你覺得自己缺乏什麼，因此才需要去爭取它的狀態。這是來自於恐懼的意圖和行動；與此相反的是來自於愛的意圖和行動——這是成為完整的，做著將帶給你喜悅的事情的狀態。

當你以智慧和誠信去創造財富時，金錢將會是必然的副產品。

如何使生活充滿豐盛？

過著豐盛生活的人，經驗著豐盛意識；而沒有豐盛生活的人，缺乏了豐盛意識。財富、健康、關係或成功，都取決於你的意識。

首先，你必須從你能記得的那天起開始回顧你的生命，學會以正面的方式來看待每個負面事件。沒有什麼事件應該用負面的方式去看待。第二，你必須培養感恩。第三，你必須改善與父母的關係。第四，你必須祈求你的祖先得到解脫。

許多問題的發生，都是因為你的祖先對你不滿意。如果你祈請祖先，帶他們到這裡，對過世的祖先進行儀式，給予他們喜歡的食物，並從他們那裡得到祝福，這幾乎就可以立即解決你的問題。問題會存在，是因為你沒有得到祖先的祝福。

有很多方法能幫助過世的人。合一的方法是與過世的人對話，確認他們在另一個世界的生活是安然無恙的。但如果你與過世的人對話時，發現他們卡在某些較低的次元中，你就必須告訴他們：神愛他們，他們不會被評判，他們必須前進。如果你這麼做，他們就會立即開始前進，你也會得到很大的祝福。另一方面，如果他們卡在某個地方，你在這個世界上也會出現問題。使過世的人移動到更高的次元，並不困難。

如果做了這些，你自然就會獲得豐盛意識，財富就會開始流動。但如果做了這一切，財富還是沒有開始流動，那麼你就必須改變自己的程式。

為什麼我在追求成功的過程中有這麼多障礙？

你不斷的創造外在世界，你以為外在世界是獨立於內在世界的。譬如，你的無意識已經設定了你注定失敗的程式，認為你永遠不會成功、不應該成功，接著你去面試一份工作，你的無意識和其他人的無意識會互相接觸，它們具有某種網絡連結，面試你的人就會毫無理由的決定不把這個工作機會給你。

在你內在發生的，就是這樣創造了外在世界。它是非常強而有力的。這就是為什麼**你會得到你所恐懼和憎恨的事物。另一方面，你也會得到你喜愛的事物。**這也會發生。你必須看見內在發生的事情，一旦它被改正了，你就會看見外在世界的事情明顯的改變了。

如何解決生活中的各種問題？

我們擁有意識頭腦和無意識頭腦。百分之五的問題是來自於意識頭腦，另外百分之九十五的問題則是來自於程式，也就是無意識頭腦。我們的財富、健康、人際關係、成功或失敗，以及任何我們生活中發生的大小事情，都是被無意識頭腦中的程式所控制著。如果生活中有問題存在，意味著無意識中的某些負面程式造成了問題。

當問題是在意識頭腦時，你可以運用自己的努力去解決；當涉及到無意識頭腦中的問題時，你就需要恩典，或我們所說的合一祝福，否則就無法改變無意識中的程式。對於意識頭腦的問題，我告訴你要用自己的努力去覺知；而對於無意識頭腦的問題，當你持續接受合一祝福時，負面程式自然就會消失，外在世界的事情就會發生變化。

程式如何控制我們的生命？

宇宙建構的方式是，無論你想要什麼都會得到——可以是金錢、健康、關係，或感覺到自己的重要性。如果你想得到的卻一直沒有發生，意味著你內在有一些問題。一旦問題解決了，你就會得到。

如果你在生命中表現不好，我們會試著追蹤你一再失敗的原因，去改變你的程式。你的過去就是程式。過去是從你的前世開始、父母在懷你之前的思想、孩子受孕成胚胎的時刻、孩子在母親子宮內發生的事情、分娩出生的過程，以及出生後的前六小時。在十二歲之後，程式就會有點關閉了。這成了你生命的腳本，主宰你一生的生活情況。你會不會罹患癌症或發生腎臟的問題、會不會賺錢、會不會離婚、將有什麼樣的人際關係……這一切都是從你的前世到十二歲之間形成的腳本為基礎。你以這個腳本來生活。

因此，在十二歲之後，你會一直有著同樣的恐懼。你以前可能害怕鬼，而現在害怕的是股市漲跌，恐懼會以這樣的方式改變。腳本會改變它表現的方式，就像是相同的演員在不同的電影中演出。一樣的腳本，但以不同的方式表現。這取決於你的制約，而制約發生在十二歲之前。要改變你在十二歲之後發生的事情是非常容易的，但你必須更深入的找出問題所在。一旦你找到了問題，很容易就可以離開問題了。

過往經驗如何形成程式？

你的整個生命都在你的無意識頭腦中被程式化：誰會生下你、你會做什麼工作、與誰結婚、有幾個孩子……所有這一切都在無意識頭腦中被程式化。就像你的電腦中有運作的程式，你無意識頭腦中的程式則是創造了你的生命。

無意識頭腦的程式，包括你的前世、受孕的那一刻、當你在母親子宮內、母親分娩時是採自然分娩、用產鉗夾出胎兒，或是剖腹生產手術。在出生後六小時內，你有沒有被母親觸摸，還是放在保溫箱中。接著是小孩子的前六歲。這一切形成了你的程式。程式控制著你的生活、財務情況、健康狀況、人際關係，以及你生活中的一切。如果你在人生中遭逢離婚、經商失敗、發生意外，這每件事都可以追溯到你的無意識程式。

譬如，當孩子分娩時，他突然停止前進，向產道後退，過了幾分鐘或一小時後才出來。由於這個原因，他無法毫不費力的取得成功。這樣的孩子會在他的學業上、工作上、事業上或專業上不斷延遲。在他第一次嘗試時，不會成功，而需要第二次的嘗試，他的事情也會因此延遲了。假如他在出生時延遲了五分鐘，在後來的人生中可能轉換為五個月。假如他在出生時延遲了半小時，這意味著後來的三年、四年或五年的時間。假如他在出生時延遲了一小時左右，那他可能要等待二、三十年的時間，事情可能還沒發生，他就過世了。假如他在出生時進去產道又退回三次、四次或五次，在現實生活中，他的每件事都必須發生三次、四次或五次。

這就是為什麼有些人似乎快成功了，卻總在最後一分鐘失敗。有些人申請銀行貸款，卻無法核貸成功。有些人明明有大好的結婚機會，卻沒有結成良緣。有些企業的前景可期，卻缺乏臨門一腳，不僅如此，還必須奮鬥二、三次，才能有所斬獲。這是因為分娩過程中發生的事情影響了孩子的未來，分娩的最後一刻控制了你生命的那一部分。依據出生那一刻發生的事情、出生持續的時間，產程延遲確實會以數倍的時間對應於後來的現實生活。

有些孩子在分娩過程中遲遲生不下來，家人的興奮就降低了，不再像之前那麼盼望。由於這個原因，即使孩子達成了什麼，他的興奮感也會在幾分鐘內消失。在他長大後，當他取得好成績、獲得不錯的工作、買了一輛好車時，他也不會感到興奮。他總是覺得很空虛，心中低語：「這哪有什麼？」他無法去享受自己的成就。

類似的狀況也會發生在打催產針催生、用產鉗夾出，或以剖腹和人工方法取出的嬰兒，當他們長大時，會很懶惰，不會有達成事情的動力。他們不會努力工作，必須有人從後面推他們一把。他們需要朋友、親戚的許多推動，才能在學業上、工作上、專業上，或任何的事情上取得成就，而無法僅靠自己去達成。當他們要做生意時，需要十個合作夥伴，以及很多的支持，在生活中一再推著他們，才能取得成功。這些人無法只憑自己做到任何的事情。

某些胎兒在母親子宮的幾個月時間，他的父母都很快樂，因此他也會跟著很快樂，但不會投入任何的努力。當這些孩子長大後，不會去追求任何的成就與努力奮鬥，他們就是很快樂。唯有當他們被推動時，才會去取得成就。

曾有一對母女來與我會面。女兒離了婚又罹患癌症，而且非常肥胖。我詢問母親，當她在生女兒時想著什麼。她說她正是害怕罹癌、離婚和發胖。母親在分娩過程中的思想會影響了她的孩子。

在出生後前幾個小時發生的事情也會影響孩子。假設生下來的是個女嬰，但家人期待的是男嬰，這女孩就會表現得像個男孩。

有些事情則是源自於前世。有個人有嚴重的頭痛和手臂疼痛的毛病。我們幫他向前追溯，發現他在很久以前曾毆打了一隻羊，是用右手不斷毆打。於是，他手臂的問題一直復發，沒有哪位醫師可以治癒他。在看見這個情況後，我們請他連續懺悔七天，他的疼痛就完全消失了。

還有一個人來找我，他從小在左肩和胸部的地方就一直出現劇烈的疼痛。醫師無法在他的這些身體部位上找到任何問題，做過的醫學檢驗結果也都是正常的，但他的疼痛就是無法解除。我們以回溯的方式將他帶回小時候，在他五、六歲的時候，有一次與朋友在海灘上堆沙堡玩，突然間，沙堡倒塌了，孩子們不小心跳到他身上，踩到他的胸部和左肩。通常當一個人經驗了，問題就會被化解，但他並沒有解除疼痛。於是，我們持續處理，將他帶到出生的過程。在分娩時，他的胸部和肩膀被母親的骨盆弄傷，這傷痛導致了後來兒時在海灘的事件。當我們讓他看見這些時，他就逐漸痊癒了。但過不了多久，問題又回來了。我們持續處理，將他帶回前世。在六百年前，他在戰場上奔馳時，胸部和左肩受了傷。當他看到時，疼痛立即就緩解了。

這疼痛是從前世帶來的，接著帶到母親的子宮內，再帶到他的童年。因此，我們必須看見前世發生了什麼、受孕時父母的思想、在母親子宮內時發生了什麼、童年發生了什麼……這些可以幫助人療癒。

如何導正負面的程式？

譬如，你想要創業，但無論你花了多少時間，即使每個創業條件都成熟了，仍然沒做成。這種情況可能是因為你在母親分娩時，你曾退回半小時或一小時的時間，然後才生下來。對你而言，事情就會嚴重延遲：銀行貸款就會被拖延、你的訂單會出問題、某些事情就是卡在某個地方，總是會發生一些阻礙你的事情。

當你進入內在，尋求你的神來幫助你，重新經驗你的出生時，問題就可能得到解決。在這種情況下，出生的過程將會再度重演，但這一次你不會退回母親的產道，而是直接迅速的生下來。當神給予你出生的全新正面經驗，你就會改變了。之後，你就會得到突破，因為內在世界影響了外在世界。

如果你有類似的問題，要做的是放鬆，進入昏昏欲睡的狀態——這是在清醒和睡眠之間的狀態。每晚你在入睡之前，都會經歷昏昏欲睡的狀態，再進入睡眠。同樣的，當你醒來前，也會先在半夢半醒的狀態，然後才清醒。在一天中的任何時刻，藉由放鬆身體，你就可以進入這種昏沉狀態。然後請求你的神：「請告訴我，我的問題在哪裡？」神就會明確的告訴你，像放影片般播放給你看，告訴你在什麼時候、以什麼方式、發生了這種情況。如果你正確的做了，就會知道問題在哪裡。然後再請求你的神改變這個問題，神就會改變它，給你一個全新的體驗，問題就會被修正，你就會得到療癒。當程式改變時，你就會在現實生活中得到效果。有時效果會在一天內生效，有時是在兩天後，有時則要一個月。隨著程式改變，你的生活就會隨之改變。

第二章

掌握影響生命的宇宙法則

創造財富不僅需要專業技能，還需要瞭解宇宙運作的方式。你必須學習以某些影響人類命運的法則來生活。如果你不知道這些法則，就會在生命的道途上經驗到路障。

我們都知道物質宇宙是由許多定律或原則所操控的，包括重力法則、浮力法則、慣性法則等。對物理法則的發現和瞭解，使科學和科技有了更大的發展。譬如，如果沒有對重力法則的瞭解和知識，萊特兄弟就無法發明飛機。瞭解和運用基本法則，對於更大的發展是不可或缺的。

而非物質、精神性的宇宙——或者你可以稱之為「生命」——則被精神法則所影響著。其中一個基本的定律是「**我們的外在世界反映了我們的內在狀態**」。你所遭遇的事件和人際關係，都反映了你的內在情況，或是反映了你內在所經歷的轉變。大多數人都忽略了這些影響生命的宇宙法則，使我們一直覺得自己是被命運所玩弄的。當我們面臨挑戰、危機時，不知道如何是好，不清楚為什麼這些會發生在我們身上，更不知道如何解決。如果我們想為自己創造一個偉大的未來，就必須瞭解這些影響生命的宇宙法則，使我們得以在渴望的方向上前進。

觀點的法則：你相信什麼，宇宙就為你創造什麼

第一個法則是正確觀點的法則：你的觀點是什麼，你的現實就是什麼。如果你對宇宙的觀點是宇宙是機械性的、無生命的，宇宙對你而言就會是如此。另一方面，如果你的觀點是認為宇宙是個活生生的實體，是個有意識的存在，你就進入了可能性的世界，進入極大的可能性之中。

你確實活在一個會回應你的宇宙裡。宇宙就是意識，你是意識，別人也是意識，萬物都是意識。意識是有感覺的，意識說些什麼呢？它說：「我顯化你的觀點。」它說：「我即是那個。」「那個」指的是你的觀點，「我」指的是意識。**意識就像一片浩瀚無比的海洋，而觀點不過是海洋上起起伏伏的一道道波浪。**

如果你的觀點說：「由於現在遇到金融危機，我的財務不可能豐盛。」有意識的宇宙就會說：「就是如此。」你就會經驗到匱乏。如果你採取一個負面的觀點，認為「現在時機是不好的，世界對我而言是危險與不安全的」。你就會緊張、不快樂，因此在生命中顯化成問題百出的情況。另一方面，如果你的觀點是

「豐盛無所不在」，宇宙就會開啟它的寶藏，無論外在的環境看似如何嚴峻。請記住，偉大的領導者都擁有偉大的觀點，因而創造出卓越的現實。一杯水可以被視為半滿或半空。因此，沒有事實，只有觀點。

◆◆◆◆◆

一個老人靠著在街上擺攤賣菜餅為生。一個機會的到來，讓老人的菜餅生意大發利市，於是他有了足夠的錢開一間店鋪。一段時間之後，他的生意興隆，便開了連鎖的店鋪，也雇用了幾個人。財富照耀在他的身上。

他的兒子在大學畢業後回來了，對老人說：「爸爸，你不知道現在世界上發生了什麼嗎？現在是經濟蕭條啊。」父親問道：「兒子啊，經濟蕭條的意思是什麼？」兒子解釋人們如何失去工作，生意如何失敗。於是老人遵循兒子的建議削減開支，把降低成本和品質後的訂單發送給客戶。隨著產品品質的下降，銷售量也跟著下降了，老人於是決定收掉幾間店鋪，比較能節省開支。現金越少流入，他就在兒子的建議中發現越大的「智慧」，於是又進一步降低品質。顧客越不高與，就有越多的店鋪關閉。最後，老人只剩下微薄的生意。老人很驕傲的告訴鄰居：「我兒子是對的，這世界確實在經濟蕭條中。」可憐的老人，對兒子深信不移。

這故事不是建議你忽略發生在你周遭的事情，而是擁有智慧：看見你的情緒是依你的觀點產生、你的決定是依你的觀點產生、你的行動是依你的觀點產生、你的命運是依你的觀點產生。

你要知道你的意識總是在顯化你所採取的觀點。因此，你要選擇吉祥的觀點、高貴的觀點，與宇宙同步的觀點。**你要脫離限制性的觀點，採取有力量的觀點，如此你就可以連結到較高的意識。**

如果你採取的觀點是：「我一輩子都這麼努力，卻無法真正創造出改變，改變怎麼可能在幾天內發生？不可能。」意識會說：「就是如此，我即是那個，我顯化你所採取的觀點。」如果你採取的觀點是：「這段關係是神所決定的，我將在這段關係中發現愛。」意識會說：「我即是那個，就是如此。」意識會顯化你所採取的觀點。反之，如果你採取的觀點是：「這段關係無法長久，關係注定會破裂。」意識也會說：「我即是那個，就是如此。」如果你採取的觀點是：「我的身體會逐漸衰弱，因為我的基因是這樣。」意識會說：「我即是那個。」這就會顯化為現實。

一切事物都是如此，你可以採取任何與你的健康、生活經驗、人際關係、宇宙、神等各方面有關的觀點，意識都會顯化你所決定的任何事情。

檢視你所採取的觀點

你對生命的觀點是什麼？生命對你而言是什麼？

1. 例行公事
2. 雲霄飛車
3. 一個祝福

你對財富的觀點是什麼？你對金錢有什麼感覺？

1. 難以賺取
2. 權力
3. 不屬於我的
4. 等待我的

將這項練習延伸到生命的每個領域，包括工作、關係、健康等。

情緒的法則：你顯化你所喜愛的和憎恨的

財務安全對於穩定感是一個非常重要的因素。這就是為什麼每當財務不良時，由此產生的恐懼和不安全感往往就會在關係中浮現。為了處理這個情況，你必須瞭解影響命運的第二個靈性法則：情緒的法則。

宇宙說：「你顯化你所害怕的；你顯化你所憎恨的；你顯化你所喜愛的。」

首先讓我們來瞭解一下思想和情緒的差異。思想是隨機出現的，並不會真正的傷害你，不必然使你感到害怕。在思想背後沒有這樣的力量。另一方面，情緒是具有強度的思想，是不斷重複的思想。所以我們要處理的是情緒，而不是零星的思想。

情緒的法則說：「你顯化你所恐懼的。」**恐懼是最主要的情緒，是所有其他痛苦情緒的根源。**嫉妒是害怕被超越、憤怒是害怕不知道自己還能做什麼、傷痛是害怕被忽略或羞辱……這清單可以無止境的列舉下去。

讓我們透過一個真實的生命故事來瞭解這點。

◇◇◆◆◇◇

在美國曾有一則新聞，有個殺了很多人的連續殺人狂出沒，於是人們被告誡不要招待陌生人到家中，但有個獨自住在郊區的老太太對此完全不以為意。在一個陰雨綿綿的黃昏，有個男子突然走進她家，老太太坐在搖椅上，從平靜的睡眠中醒來。她注意到一個男子拿著球棒站在她面前，渾身濕透。老太太透過燭光看著他，說道：「孩子，你一定又冷又濕，進屋子裡來，暖和一下吧。」男子困惑了一會兒，但他還是將球棒放下，坐在火爐旁邊。老太太又說：「你一定餓壞了，孩子，去廚房拿點東西吃吧。」於是他到廚房裡，拿了放在桌上的食物。吃完了食物後，他就拿起球棒跑進了黑夜中。他跑到對街去，闖入另一戶人家。那戶人家驚聲尖叫，這名男子用武器殺了他們。

你認為為什麼男子的反應會如此截然不同。他是個瘋狂的連續殺人狂，但他沒有傷害老太太，卻傷害了另一戶鄰居。因為你是別人反應的燃料。老太太沒有恐懼，所以連續殺人狂不會傷害她，而那些嚇壞的人們讓自己被殺了。雖然這是一個極端的例子，這個原則在每個人的生活中都適用：你會吸引你所害怕的事件和人物。

同樣的，你也會顯化你所憎恨的事物。譬如，你一直不喜歡謾罵，卻沉溺其中。在生活中，有多少次你因為做了你所反對和憎恨的同一件事，而咬到自己的舌頭。你討厭這種能量，於是將這能量釋放到宇宙中，宇宙又將這能量反彈回到你身上。

然而，法則也說你會顯化你所喜愛的事物。如果你喜愛、夢想、展望某個事物，宇宙就會全力以赴將它給予你。巴觀說：「宇宙就像是阿拉丁神燈，它會給予任何你所追求的。」經常生命卡住了，而你的愛和熱情將使生命順利進行。

與其將能量放在憎恨上，不如將能量專注於愛；與其害怕衝突，不如將能量專注於愛與和平；與其討厭貧窮，不如專注於愛與財富。

情緒不過是你大腦中生物化學反應的結果，為什麼情緒會造成這麼大的力量？**你生活中沒有被你認出和接納的情緒，都會在更深層的無意識中累積。任何被你拒絕的情緒都會以扭曲的復仇返回。**這就是為什麼人們在家庭關係中經常沉溺於不愉快的情緒，而使得他們的問題更加複雜，難以解決。更多的問題，造成更多的爭執，這又造成更多的沮喪，於是形成了惡性循環。

認出內在浮現的情緒，情緒就會化解

問問自己，在困難的時刻，你會從家人獲得平靜與力量嗎？還是你只是利用他們來發洩你的挫折？在困難的時刻，與你的家人連結時，你會沉溺於什麼樣的情緒？

有時即使一個人有極好的努力與意圖，恐懼和失望依然存在。這時唯一的解決方法就是承認與接納情緒存在的事實，不逃避它們，就是看見自己的內在。任何被認出與接納的情緒，都不會轉成破壞性的。但這並不意味著你可以到處對周圍的人發洩這些情緒。你所需要做的是看見自己的情緒，這涉及三個簡單的步驟。

1. 安靜的坐下來，觀照你的呼吸。
2. 進入到一個平靜的空間中，放鬆。
3. 認出情緒，無論它是恐懼、傷痛或憎恨。

對自己說：「是的，我受傷了，我很害怕。」或是，「我很生氣，這是沒問題的。」

對於內在真相的肯定，可以幫助你接納和擁抱自己。任何情緒卡住了，或者在逆境裡的人，都可以隨時做這個練習。為了回到豐盛和富足中，如果你的家庭文化許可的話，你們可以在出現壓力的時刻和他們坐在一起祈禱。家人一同祈禱，已被證明是巨大的能量推進器，可以將神聖恩典呼喚進你的生命中。

思想的法則：你的思想創造你的現實

許多次，在生命的不同階段發生重大事件時，頭腦中最強烈的疑問是：「為什麼是我？為什麼我的人生會遇到這樣的情況？」尤其是遭遇負面情況時，人們往往會為了發生的事情，不是責怪別人，就是怪罪神。但到底是誰該為發生在我們身上的事情負責？它們是由外在因素造成的，還是我們自己該負起責任？

巴觀說：「我們是自己生命的建築師。」我們完全要為在我們生命中發生的事情負起責任。頭腦和物質是相連的。頭腦影響了外在事件，而外在事件也影響著頭腦。超越事件的頭腦力量，就是創造性思想的力量。宇宙依據特定的規律和法則運作，這是人類存在的基礎。外在的宇宙依據科學法則運作，而生命依據思想的法則運作。

這法則說：「你成為你所認為的。」**世界是我們內在狀態的顯化。我們遭遇的情況、遇到的人、面臨的問題，以及各種生命經驗，都是我們內在的投射。**換句話說，我們創造自己的現實，我們是自己命運的建築師。觀點是個過濾器，過濾我們所經驗的現實。我們對現實的觀點，最終將成為顯化的現實。你成為你所認為的，你找到你所意識到的。思想無比強大，它具有創造的力量。每次我們懷有一個傷痛或情緒的思想時，創造的過程就開始了。箭已射向天上的「思想層」，「物以類聚的法則」就會開始運作。思想會吸引所有類似的思想，所有類似的箭會聚集在一起，到達臨界點時，「交互作用的法則」就會運作，你釋放的思想就會顯化為現實。你已經得到你所播下的種子許多次了。如果你射出的箭是評判，你就會遇到不斷評判的人；如果你射出的箭是背叛，你就會一再被背叛；如果你射出的箭是憎恨，你就會被別人憎恨；如果你有恐懼，你恐懼的情況就會發生。一切都是如此。

「為什麼這會發生在我身上？」這是一句自相矛盾的話，因為一切都是你自己創造的。我們沒有敏銳的覺察到思想和現實之間的關係，也許這兩者發生的時間間隔太長了，讓我們難以追蹤。從思想顯化為現實，也許要花一星期、一個月、一年、十年，或甚至更長的時間。有個小女孩總是認為只有當她生病或不在人世時，人們才會瞭解她的重要性。隨著時間過去，她在結婚之後，就不再這麼想了。然而，就在她與丈夫、孩子過著幸福的生活時，她罹患了癌症，而且無法治癒。

不斷的回顧我們的生命，有助於我們看見關聯性。顯化的速度取決於一個人的進化程度，有時到達臨界點要花一輩子，甚至更久的時間。

當我們問：「這世界為什麼這麼糟？」我們看見的世界就是我們負面思想和負面情緒的顯化。然而許多時候，我們發現即使我們盡力去正面思考，頭腦依然傾向於負面。

巴觀說：「當你逐漸深入，你會明白負面思想並不是你的負面思想，負面思想只是存在於『思想層』，而你的大腦恰好拾起它，它們並不是你的負面思想。當你瞭解到你的思想不受你的控制，它們是自動移動的，奇妙的是，你就會發現自己變得非常正面；因為你不再有責任了。當你瞭解你不再有責任時，你就會變得非常正面，感覺很好，更滿足。突然之間，你會發現有許多的能量，因為衝突消失了。當衝突消失時，存在的就是能量。隨著能量，你就會變得非常正面。」

意識的法則：你的內在狀態顯化為你的生活際遇

巴觀說：「只有當你的意識層次改變時，你才會變得卓越與成功。更高的意識自然會吸引富裕與成功。」

一個人的意識越高，他在生命中取得的成功和豐盛就越大；意識越低，障礙、失敗和痛苦就會越大。因此，**如果你沒有去提升你的意識層次，對於成功的所有努力都是不完整的。**

一般而言，人們活在兩種意識狀態中。無論他們是什麼文化背景、受到什麼制約、具有什麼信念系統，他們不是活在衝突狀態中，就是活在合一狀態中。衝突狀態是動盪不安的狀態，在這種狀態中，你有許多部分是正確的，也有許多部分是錯誤的；你各種破碎的部分經常彼此爭吵，互相抗爭，因此你的內在一直喋喋不休、令人煩擾。活在衝突狀態中的人，會經驗到能量的枯竭，他們生活體驗的品質相當貧乏。

還有另一種我們稱為合一狀態的意識狀態。合一狀態是連結的、愛與關聯的狀態。你經驗到與你周圍一切的連結，以及與自己更好的關係。這是在自己內在感到合一，與人類同伴感到合一，與萬物感到合一，以及與遍布一切的神聖臨在感到合一。

我們大多數人都經驗過這兩種意識狀態。也有可能一天中的大多數時候，我們都處在其中一種意識狀態裡。依據我們生活在哪種狀態裡，就會展開我們的命運或我們的生命經驗。

衝突狀態無可避免的創造出有問題的健康系統。衝突狀態也可以顯化為非常不穩定的財務情況。你遇見會欺騙你的人，被欺騙你的合夥人和商業夥伴擺布。你也會做出不利於未來生涯和企業的錯誤決定，卡在沒有前途或沒有成長機會的工作中。這就是當你處在衝突狀態中會發生的事情，彷彿你讓自己捲入和吸引了宇宙中的負面能量，因為你的內在狀態就像個磁石。衝突狀態也可能顯化為充滿問題的關係。在衝突狀態中，你會很自然的吸引到那些加強你現在意識狀態的人，你會遇見更加羞辱你，對你更不尊重的人。即使他們並沒有真的這麼做，那也會是這些關係最後的結果。請記得，你的內在狀態會反映到外在。

現在讓我們來看看光譜的另一端——另一端是合一狀態。合一狀態會顯現為療癒的健康情況。當你的意識能夠感知合一，而不是分裂時，身體本身就會以非常不同的方式運作。在合一狀態與充滿愛的狀態中，身體就能更迅速的療癒。這就是合一狀態的力量。

合一狀態也有助於你在生命中顯化更大的豐盛。你會與能幫助你實現夢想、展現生命願景的人們連結，你會遇到能幫助你成長和更好的服務的機會。合一狀態還會顯化為滋養你的關係。因為當你處在合一狀態中，你也會自動吸引到本身是完整圓滿的人。甚至不同狀態的人碰觸你時，他們就會被療癒。因為你活在更大的接納狀態裡，因此他們也可以經驗到對自己更大的接納性。你也更能吸引愛你、尊重你、欣賞你真實模樣的人。這就是合一狀態。

巴觀說：「生命是個運動。在秩序與失序之間、在光與影之間、在生與滅之間擺盪。」在事物的自然過程中，當秩序移動到失序，就會將你帶離合一，朝向分裂。你身為有意識的存有，可以運用合一祝福的力量創造出一道從分裂回到合一的流。在人體中，每當不同細胞之間的訊息被斷開後，就會偏離合一。當人體的各個系統回歸合一，就是恢復健康。在家庭中，每當有傷痛和不信任存在時，就會離開合一。心的療癒與愛的綻放，是回歸合一的方法。在你的內在，當你在對與錯之間掙扎，在對與更對之間發生衝突時，內在就會失序。你否認了自己一部分的渴望和聲音，你選擇去忽略它們。但這是無可避免的，那是生命劇碼的一部分，允許它們發生。

你破碎的這些部分，需要被療癒和接納。當你接納生命，沒有抗拒的經驗自己時，你的內在才可能回歸合一。因為宇宙的力量，在身體內、在人際間、在家庭內、在國家的組成裡、在生命的各種形式之間，有種種失序；然而，有一個提升生命到更大程度的秩序與合一的機會。請記住，**每個以失序與分裂的形式來臨的挑戰，都很可能將你帶到更大程度的秩序與合一**。這擺盪不過是造物永不休止的舞蹈，因此，去覺知在生命每個領域中從秩序移動到失序的模式。全然、沒有抗拒的覺知這些模式，就是合一。

業力的法則：你播下什麼，就會得到什麼

生命是兩極的交互作用：快樂和痛苦、獲益和損失、成功和失敗。生命持續在兩極之間擺盪。是誰讓這些擺盪發生的？又是誰在指揮著這一切？

我們相信有個力量在干預著我們的生命。我們稱「它」是神或造物主，「它」對我們的行動做出評判，決定結果。我們的概念是有位在天上一直看著我們、給我們獎賞和懲罰的神。請停下來一會兒，沉思這種對神的瞭解是既原始又不成熟的。你認為這真的是世界建構的方式嗎？古代的人以完全不同的方式在感知宇宙。對他們而言，沒有一個權威在做決定，顧慮著我們做了什麼、沒做什麼。古人認為，是業力的法則影響了每個人的生命。在古印度的傳統中，沒有罪惡、懲罰、獎賞的概念，也沒有一位神會評判我們的信念。古印度人相信自然的法則，而業力是支配法則的法則。巴觀說：「業力是一套法則，這法則說：『你播下什麼，就會得到什麼，而且是你播下的許多倍。』」如果你造成別人的痛苦，就會得到更多痛苦。

業力是一個自然的法則：你收割你所播種的。你收割業力的種子，無論是好或壞。當你起心動念時，種子就被播下了，接著透過你的話語和行動，它會長成一棵樹，最後結出果實。你播下種子，就會得到一千顆水果。苦澀的種子會帶給你苦澀的水果，而香甜的種子會帶給你香甜的水果。如果你播下的是痛苦，就會回來更多的痛苦；如果你傷害一個人，你就會被另一個人所傷害。如果你造成別人痛苦，痛苦就會回到你身上。這法則也適用於好的方面。如果你帶給別人快樂，快樂就會回到你身上；如果你祝福某個人，祝福就會回到你身上。當你給予別人擁抱時，你播下了愛的種子，之後你就會發現美好的事情毫無緣由的發生在你身上。

無論我們做了什麼，都會以許多方式回到我們身上。以芒果樹為例，雖然芒果樹是從一顆種子長出來的，它卻可以結出數千顆果實。我們的行動也是如此。當我們幫助別人或傷害別人時，它就會成倍的回到我們身上。如果你幫助了一個生病的人，這行動的果實就會在你最需要它的時刻來臨。果實是正面或負面，取決於你對別人造成了多大的喜悅或痛苦。

巴觀說：「許多人為各種外在的問題向神祈禱，從財務到健康的問題。很多時候，這些問題並不是由無意識頭腦裡的負面程式所造成的。雖然你可能沒有負面的程式，問題卻依然存在，那是因為你沒有足夠的善業來克服這些問題。**你做的任何有助於這個地球的事情，都會讓你得到大量的善業。**就像如果你有錢存在銀行裡，你就可以用它購買任何你想要的東西。同樣的，在你的善業帳戶中，如果你有足夠的善業，就可以將它兌現成任何你想要的東西。你可以運用善業來解決財務、生意、工作的問題，或使你覺醒、改善你的健康。你可以將善業兌現在任何的目的上。神會運用善業來解決你的財務問題，或療癒你的身體疾病。」

與巴觀同在的夜晚

我們關注的焦點，對豐盛有什麼影響？

貧窮在思想的層面上，是一直專注於你所缺乏的；豐盛意識在思想的層面上，是專注於你所擁有的。如果你擁有豐盛意識，就會自然變得豐盛。你在每個地方都會看到機會，事物就會明顯的為你而改變。

當我們談到豐盛意識，不一定是指金錢。擁有好父母是豐盛，擁有好伴侶是豐盛，擁有好孩子是豐盛，擁有淵博的知識是豐盛，擁有健康的身體也是豐盛。因此，任何你所擁有的都是豐盛。即使是一個乞丐，任何他所獲得的乞討都是他的豐盛。一旦他意識到他所獲得的，他的頭腦不再將焦點放在他所缺乏的事物上，就某種意義上來說，他也是豐盛的。我們就會說這個乞丐有豐盛意識。當一個人擁有豐盛意識，他向神的祈禱就會立即得到回應，他會得到如他所希望的那麼多。神會很願意幫助他，但他必須先有豐盛意識。

你必須將焦點放在自己所擁有的一切，而不再將焦點放在你所缺乏的。你的大腦和頭腦是不同的，你的大腦很容易被愚弄。所以，去欺騙你的大腦「你是個百萬富翁」，接著看看什麼開始發生了。

當你沒錢時，在心理感覺自己是富有的，不是自我欺騙嗎？

意識具有巨大的力量。當你運用合一教導，培養豐盛意識時，就會發現自己獲得了財富；當你培養健康意識，就會獲得健康；當你培養成功意識，成功就會來臨。這一切都可以被實驗驗證。在一般情況下，它會在七天內發生作用。所以你必須相信意識的力量，這是可以驗證和測試的。你可以運用合一教導來改變你的意識，在世間獲得成功。為自己創造財富是個遊戲。一旦你的內在改變了，這就會變得非常簡單。

如何處理生活中的恐懼？

你必須做的是與你的挫折感和不滿待在一起，不應該試圖遠離它。你就是與痛苦待在一起，經驗痛苦。當有痛苦時，如果你與痛苦待在一起，痛苦就會自動化解。你與恐懼待在一起，恐懼就會消失。如果你的內在世界的不安全感和恐懼不在了，那麼在外在世界所有的事情都會很順利的進行。

處理你的問題的最好方式，就是你的內在必須解脫。譬如，你失去了工作，這可能導致巨大的不安全感和恐懼，透過合一祝福的給予和接受，可以從你內在移除不安全感和恐懼，雖然你可能失去了工作，但正因為失去了舊工作，也許在三、四天、一週或十天內，你就會得到一份新的工作。

因此，必須從內在著手。你處理了內在世界，外在世界就會自動改變。看見所有存在的問題都是反映或顯化了發生在內在的情況。改變內在，外在的事情就會改變，這就是方法。

如何消除負面的情緒？

所有你能做的是覺知到你的嫉妒，覺知到你的憎恨，覺知到你的恐懼，覺知到你缺乏愛。如果有痛苦，你不應該試圖逃離痛苦，而是必須覺知到那個痛苦，然後一切必須發生的就會自動發生。如果你試圖給予解釋，試圖瞭解痛苦，試圖將它合理化，那你就不會到達任何地方。當然，你也可以逃離痛苦一段時間，像是你可以透過講電話、看電影、讀小說、做某些事情、或是和朋友聊天，逃避痛苦一段時間。

我們不反對你逃避痛苦，這像是急救，它可以是短時間的策略。但最終你必須去面對痛苦，不試圖去解釋它，不試圖去瞭解它，不試圖將它合理化。這可能是很痛苦的，但正是那痛苦可以使你解脫。

因此，當悲傷侵襲你時，就像是隻巨大的老虎朝你撲過來，不是保護自己或逃跑，我們建議你跳進老虎的嘴裡，然後死去。在內在世界所需要的就是死去，你的過去死去了，你的未來也死去了，那麼顯然你就會留在當下，一切就完成了。

如何從負面思想解脫？

負面情緒的浮現，基本上是由於沒有看見自己的內在。當我們逃離自己，無法面對自己內在發生的，我們往往會對自己隱藏某些事情，這導致了負面思想。那如何經驗負面思想？**你必須覺知到這個貼標籤的過程，當你停止貼標籤時，就會立即從所有的負面思想解脫。**

譬如，一個孩子看著一棵樹，孩子不會稱它為「樹」，也不會說這是「椰子樹」或「蘋果樹」，或是有進一步的評論；他只是經驗到樹。但你的問題在於你將樹貼上了「樹」這個標籤。如果你將一個思想貼了「負面思想」的標籤，你就陷入麻煩了。如果你不將它貼標籤，它就只是一個思想。正面思想和負面思想之間是沒有任何差別的，除非你將它貼了「正面思想」或「負面思想」標籤。即使覺醒的人也會有汙穢的思想，但他不會將它貼了「汙穢」的標籤，他不會去改變它，不會去譴責它，只是覺知到它。如果你覺知到這種貼標籤的過程，過程就停止了。當這過程停止時，就完全沒有問題了。

思想如何從「思想層」流進我們的頭腦中？

所有的思想都來自於「思想層」。「思想層」和人類一樣古老，每個曾經生活在地球上的人，他們的每個思想都記錄在那裡。這些思想持續的流進你，並從你流出。什麼思想流進你、從你流出，取決於你的健康情況、你所在的地方、你周圍的人，以及許多其他的因素。這就像是切換電視頻道。電視有許多的頻道，你可以轉到任何一個頻道。如果你轉到負面思想的頻道，就會得到許多負面思想；如果你轉到暴力思想的頻道，就會得到那些暴力思想。一旦你瞭解到你不是你的思想，而且這些思想也不是你的。奇妙的，你會發現你轉到了一個傳播寧靜的頻道，就會得到那股寧靜。否則的話，你就會得到那些種種思想，而那些思想與人類一樣古老。它們不是你的思想。某個人在一萬年前被老虎追逐時感到恐懼，那個思想現在可能流進你，但你現在害怕的不是老虎，而是股市。但是同樣的恐懼會這樣流進你。**一旦你瞭解到你的思想不是你的思想，就可以實際看見思想是如何來臨，如何流過你，你就會變得很超然。**

當甘地被囚禁在監獄時，有一天他發現自己有謀殺的念頭，他很納悶：「我怎麼會有謀殺的想法。」於是他詢問廚房的工作人員，發現那天的食物是由一個殺人犯烹煮的，而他將在兩星期後被處決。他的思想留在食物上，而甘地吃了食物，於是有了謀殺的想法。

你無法對負面思想做什麼，只能更注意、更覺知到負面思想的存在。假如你試圖抗爭，或將負面思想推開，它們只會變得更強大。一切和負面思想的抗爭都必須避免。唯一的方式是瞭解負面思想的存在。接納它們，就是接納事實。因為事實是如此。既然負面思想存在了，你如何能否定它們呢？只有當你接納負面思想時，它們就會變得虛弱；當它們變得虛弱，就有漸漸消失的可能。因此，請試著避免與負面思想做任何抗爭和掙扎。在那之後，你內在的負面思想就會消失了。

如何擺脫自我懷疑？

要離開自我懷疑，你必須瞭解頭腦的性質。當我們說頭腦的性質時，我們指的是古老的人類頭腦，而不是你的頭腦。既然頭腦是幻象，沒有真實的存在，它的性質之一是自我懷疑。

請記住，不是「你的頭腦」的性質，而是「頭腦」的性質，因此任何改變頭腦的努力都是徒勞的。一旦你發現了這點，就不會再有問題了。自我懷疑可以在頭腦中持續著，你可以觀照它，但不能對它做什麼，因為那是頭腦的性質。

為什麼我一再遭遇同樣的問題？

基本上，我們一直在創造自己的未來，頭腦一直在創造未來。頭腦是什麼？頭腦就是思想。思想是什麼？思想就是記憶。而記憶不過就是過去的經驗。因此，過去流過現在和未來。如果沒有記憶，就沒有思想，也沒有頭腦。如果沒有頭腦，那也就沒有未來。除了思想之外，沒有其他思考的方式。頭腦就是思想的流動，思想從過去流到現在，再進入未來。所以**思想的流動都是與過去有關。思考過去就是活在過去，甚至思考未來也是活在過去。**過去投射到未來，所以我們一直卡在過去之中，我們根本沒有自由。唯有當我們覺醒時，才會切斷過去。唯有那時，我們才可以說自己擁有了真正的自由，否則的話，只是卡在過去。

如果你瞭解這個過程，就可以防止重蹈覆轍。因此，瞭解這點是非常重要的，覺知到你頭腦中發生的事情。外在世界發生的任何事情，包括疾病、傷害、失敗，都是過去的顯現。如果我們想創造一個正面的未來，必須打破過去的模式和制約，解除過去的創傷，療癒它們，並放進一個新的吉祥腳本。

如何終止一再造成問題的思想？

如果你毆打動物，牠會有身體上的痛苦，可能會對你發怒一會兒，但經過一段時間之後，牠就不會再對你發怒，因為動物只有短期記憶，沒有長期記憶。然而，我們有長期記憶，我們繼續思考著事件。就是對事件的思考讓你痛苦。假設有個人打了你一巴掌，會發生了什麼事呢？他打了你的側臉，你的臉會疼痛幾分鐘，僅此而已。但問題在哪裡呢？你可以將這個摑掌的動作想成某種對你的臉頰、或是對你的頭有益的運動，僅此而已。但你思考著那個打你的流氓是誰，他為什麼打你，如何回擊他，如何鬥毆他……所有發生過的事情，這就是我們所說的痛苦。事實很簡單：就是一隻手來，擊中了你的臉頰，或是有人踢你的背，僅此而已。你已經倒下很多次了，那又如何呢？你為什麼要小題大作？因為有記憶存在，而記憶是什麼？記憶是思想的流動。思想就是罪魁禍首，思想總是在作怪，總是製造問題，它藉由比較而生存。思想是一切問題的根源，它藉由將事實轉化為感知而造成痛苦。如果你過著一個看見自己內在的生活，就可以阻止思想。

如果你過著覺知到自己內在的生活，思想就會停止。思想只有在需要的時候才會來臨，只會是功能性的思想，譬如，這裡燈光太亮了，把燈移去那裡，或是關掉燈，把燈這樣放……會有這些功能性思想。但你不會繼續想著發生了什麼，無論是過去的事情，或未來將發生的事情。你就是在當下。**在當下，你不能思考；當你不在當下時，就會思考著過去或未來。**當下是個活生生的經驗，完全沒有思想。但你已經養成了習慣——思考已經變成一種習慣，你不斷的思考、一直在思考，這是能量的浪費。這是為什麼你經常覺得疲倦。因為持續的思考，所以你無法享受生活。如果要使這一切停止，你必須看見自己內在發生的一切。

你內在有兩個存在：一個是真實的存在，另一個是不真實的存在。這兩個存在一直在對話。譬如，有一個你不喜歡的訪客來到你家。真實的存在說：「先生，我不喜歡你，請不要進我家。」這是你可以採取的立場，讓真實的存在說話。另一個立場是：「先生，請進，歡迎！你來真好。」這是不真實的存在。你可以選擇真實的或不真實的存在。但還有個正在看著整件事情發生的第三個存在——它沒有做任何的評論，它不說你必須遵從真實的或不真實的存在，只是像看電影般觀照著整件事情。如果你說了真話，就會破壞社會；但如果不說真話，就會過著撒謊的生活，這本身就具有傷害性的影響。我們必須覺知到自己的內在。如果看見自己的內在，就可以很誠實，而且不擾亂社會。當謊言減少時，思想就沒有必要像這樣一直運作。思想充滿了自我的謊言。它持續的思考，不斷的掩蓋事情。因為如果它不繼續思考，事實就會揭露，而你不希望看見自己的真相。

透過一點點的努力，就可以創造出這樣的觀照。你可以觀照一天二十四小時一直都在上演的戲劇，這內在對話一直都以某種形式進行著。這練習是如此令人愉快，給予你這麼多的喜悅，一旦你瞭解了竅門，就可以一直很自然的進行。對話可能是嫉妒和憤怒，但無論對話和內容是什麼，你都會很享受；不管發生了什麼，都不會被困擾。**你頭腦中的內容是什麼並不重要，重要的是以中立的方式看待它，不偏袒，只是看著正在發生的事情。**如果你這麼做，這會帶給你巨大的喜悅，你就會成為一個解脫的人。你會像在天上飛翔的鳥一樣，變得完全的自在。但你必須練習看見內在，唯一的工具就是看見自己內在發生的一切。

如何加深對自己內在的覺知？

在練習覺知時，你必須從身體的覺知開始。譬如，當你刷牙時，你必須全然的覺知到牙刷正從你的牙齦刷過你的牙齒，而不是平常那樣機械性的刷牙。每一個片刻，你都要去經驗。當你刷牙時，會發現思緒飄走了，沒有專注在刷牙上。

你在想昨天發生什麼，明天又將發生什麼。你要再次回到刷牙的動作上。然後又會錯過，你必須再次回來。頭腦會不時飄走，不會停留在覺知中，你必須發現自己喪失了覺知。如果你發現自己喪失了覺知，就會自動的回到覺知中。譬如，當你洗澡時，你不該機械性的洗澡，你必須感覺水流過你的身體，感覺所有的感覺和正在發生的事情。同樣的，如果你是在吃東西，要全然的經驗吃東西這件事——食物如何通過你的嘴、你如何咀嚼它。你必須就是經驗這個。

我們做大部分的事情都是習慣性的進行。我們必須打破習慣。無論你在一天的任何時刻做什麼，像是閱讀早報或晨間散步，大多數的事情都變成習慣性的。**我們必須打破習慣，強烈的意識到正在發生的事情，並去經驗它。**要掌握箇中藝術，你必須不間斷的練習二十一天。如果你不間斷的練習了二十一天，就會變得很自然，它會成為你生活的方式。每一天，你必須練習這種覺知四十九分鐘。如果沒有中斷的練習了二十一天，就會強烈的覺知到身體的活動。你會發現大腦在二十一天中學會了覺知。最初這會很吃力；從第一天到第二天，會有改善；第二天到第三天，又會改善更多。如果你能不間斷的做二十一天，就會發現你很自然的可以維持覺知。如果你能對刷牙維持覺知，就可以對洗澡、洗臉維持覺知，對吃東西維持覺知……慢慢的，你會發現，你對發生在你頭腦內的事情都有了覺知，所有這一切都是自然發生的。

從外在具體的東西開始，然後逐漸的進入內在世界。如果你進入自己的內在，就會看見正在發生什麼。你會在內在發現一個奇妙的世界，那是個可怕、糟糕的世界，這一切都藏在地毯底下，需要很多勇氣來看見自己真正的樣子。不譴責它，不評判它，不提出解釋。一旦你這麼做，此後，每當痛苦來臨時，你就能經驗那痛苦。當你經驗痛苦時，頭腦會想逃跑、譴責、評判、提出解釋、追逐歡樂、或突然跳到某個思想。頭腦會想逃離痛苦。如果你看見了頭腦又要逃離痛苦，而你做了先前所有的練習，看見它，經驗它，你會突然發現自己正在經驗痛苦，瞬間你就會看見痛苦轉化為喜悅，某些很神奇的事情發生了。

你可以從簡單的事情開始，從任何對你而言已經變成習慣性的事情。如果你打破了習慣，就會進入覺知。

人可以創造自己的命運嗎？

人類生命的本質是自由，這種自由有無限的可能性。如果沒有這樣的可能性或自由，就沒有生命或神了。事實上，這種自由就是生命，這種自由就是神。因此，任何的命運都可以被創造。當你進入更高層次的意識時，你會看到生命的流動。不僅如此，無論你想要什麼都會開始發生，這是人類具有的能力。請記住，人類和神是同一光譜的兩端。最後，你會意識到自己就是神，神就是你。但現在的你沒有任何的自由，你的制約利用你的生命和你的生存，你從你的制約創造自己的命運。

如果你能進入自由的空間，就可以改變任何的東西。現在的你並沒有經驗到自由。當你的意識層次成長時，就會發現自由是什麼。這裡我們所說的自由，不是免於這個或免於那個而已。當我們使用「自由」一詞時，指的是無限可能性的空間。當你到達那裡時，一切都會改變，你的問題不是得到了解決，就是會被化解了。這就是生命的一切。

為什麼我覺知到內在後，我的問題依然存在？

如果你看見自己的內在，發現自己是誰，接納自己的樣子，愛自己，你的外在世界就完全沒有困難，因為是內在世界創造了外在世界。當你看見了內在世界之後，外在世界卻仍然有困難，這意味著你還沒有真正看見內在世界。因為實際上是內在世界創造了外在的問題。譬如，有對夫婦瀕臨離婚，如果其中一方真正看見自己內在所發生的，接納它、愛它，就會立即發現外在世界的事情改變了。我們已經試過許多次，每次都有效。道理很簡單，因為內在世界是爭執的實際原因。問題在於你對看見內在世界有困難，看見自己真實的樣子真的很痛苦。

你有個祕密的一面，你將這一面對自己與別人都隱藏起來了。事實上，你已經失去了與它的接觸。**你的恐懼、憤怒、傷痛、嫉妒、欲望、糟糕的想法是存在的，但你對看見它們感到羞恥與害怕，就是這些造成外在世界的亂七八糟。**另一方面，如果你培養出勇氣、不譴責、不評判、不合理化、不提供解釋、不逃離，而是像抱著一個新生嬰兒般小心的抱著它們。內容是什麼並不重要，重要的是你可以看著它、看見它、接納它、愛它嗎？僅此而已。然後奇妙的事情就會發生，奇妙的平靜就會來臨，沒有內在的衝突了。你不僅接納了自己，也接納了別人。你不僅愛自己，也愛你周圍的人。你也會發現他們對你的行為改變了。不僅如此，你也不再有財務、疾病等存在已久的問題了。但你必須去嘗試。

讓我告訴你一個特殊的實例，在佛羅里達州有個叫布魯斯的小男孩。他的母親來到合一大學，在這裡她學習到「如果你經驗痛苦，痛苦就會轉化為喜悅」。她回到家時，只有布魯斯在家。於是母親告訴小男孩：「兒子，我去一個叫做合一大學的地方，在那裡我學到一個教導是：『如果你經驗痛苦，痛苦就會轉化為喜悅。』」小男孩說：「媽媽，是的，我明白了。」然後他就不說話了。布魯斯半夜經常會害怕，跑到母親的臥室。那天晚上，他又跑到了母親的臥室。母親心想：「問題又來了。」小男孩卻說：「媽媽，這有效耶！」她問小男孩：「什麼有效？」他說：「媽媽，你說的有效，害怕消失了。」

你在智性上瞭解教導，但沒有去應用教導。請開始應用教導，你就可以很清楚的看見。如果你努力的與事實待在一起，這些事情就會發生。運用你所有的能量，將注意力放在事實上。當能量被運用到任何東西上時，那東西就會發生轉化。如果你將能量運用到冰上，冰就會變成水；如果你將能量運用到水上，水就會變成水蒸氣。無論是什麼東西，如果你運用能量，就會發生轉化。因此，如果你將自己所有的能量運用在事實上，事實就會發生轉化。但它必須毫不費力的完成。

處理內在和外在問題的方式，有什麼不同？

在外在世界，你必須是積極的；而在內在世界，你必須是消極的。在內在世界，你看見你內在的狀態，這個看見就是一切。你內在有什麼並不重要，只要看見發生了什麼。你有嫉妒、憤怒、憎恨、恐懼、挫折感……只要像看著電影一樣看著它們。這是最愉快的體驗，就是看見什麼正在發生。看見的本身就會給予你自由、喜悅和快樂。

可以運用在內在世界的方式，並不適用於外在世界。在外在世界，你可能想買房子、賺大錢、得到這個或那個，你必須改變情況，去做每件事情。凡是跟外在世界有關的願望，最好的方式就是提出請求。你必須直接告訴神：「我要這個，我要那個。」

一個人的意識層次對生活有什麼影響？

大多數的個人問題、家庭問題、社會問題、世界問題，都源自於較低的意識層次。當你在較低的意識層次時，你會有某些問題；而當你的意識層次提升時，這些問題就會消失。世界上所有的問題都源自於你的意識層次。造成問題的低意識層次，並無法解決問題，因為它就是這些問題的根源。因此，解決問題最好的方法，就是提升意識層次。一旦人類集體進入高意識層次時，所有的人類問題，包括經濟問題、健康問題、環境問題、戰爭問題，都會自然消失，因為高意識的人類不會製造出這些問題。

你從更高層次的意識運作時，就會自然發現問題得到解決或被化解了。當你的意識層次提升時，一直困擾你的問題就會開始消失。你會發現過去失敗的地方得到了成功，變得很容易。

如何增加我們的善業？

如果你得到人們的祝福，它就會轉到你的善業帳戶——就像你擁有銀行帳戶，你也擁有善業和惡業的帳戶——它將被記錄在善業帳戶裡。如果你明天遇到一個問題，而你向神祈禱，神就會從你的善業帳戶中提取善業來解決你的問題。

因此，**你必須對人們說好話，幫助人們，表達感激，並得到他們的祝福，你的善業帳戶就會越來越豐足，這有助於神在未來幫助你。**你可以將這祝福兌現，用於賺錢、健康，或實現某些願望。你可以當作一個實驗去嘗試看看，就可以看到結果。

那麼，你如何得到人們的祝福？這唯有透過良好的關係。最重要的祝福來自於你的父母，沒有人能像你的父母那樣祝福你。無論他們在世或過世了都不要緊，你的父母可以直接從他們所在的任何次元祝福你。父母的祝福是非常強烈的，即使他們現在不在這裡。但如果你傷害了父母，他們就不會給你祝福。

如何化解業力造成的問題？

你必須先相信業力的存在，然後與神對話，祂就會告訴你這個人有什麼業力、他前世發生了什麼、為什麼會發生、應該要做什麼。當處理好業力，再接受合一祝福，問題就會得到解決。

許多年前，有個人來找我們，他說：「醫生診斷我兒子大約再一星期就會失明，這是不治之症。」我們發現在他兒子的前世中，剝奪了許多人的視力。於是我們告訴他：「如果你到你當地的每間醫院裡，幫有眼疾的人付清醫藥費，然後請求他們的祝福，你兒子的眼疾就可能被治癒。」他是個富有的人，他走遍了城市中的每間醫院、眼科診所，幫每個眼科患者付清醫藥費，並讓他的兒子接受合一祝福。這件事情已經過了許多年，他兒子的視力仍然是健全的。所以你必須處理好業力，然後就可以得到很好的成果。

無論我們做什麼都是充滿自私的，要如何獲得善業？

即使是出於純粹的自私，你也可以因為幫助別人而得到善業。你可以很清楚你是為了得到善業，才去幫助別人。業力就是如此運作的，你完全不必不自私。如果你的視力不好，你可以去眼科診所，為貧窮的人付醫藥費，或在那裡當志工服務。你帶著全然的、想改善自己視力的意圖而去，就會發現你的視力改善了。

當自我存在時，自私的行為沒有什麼不對。請清楚瞭解，**我們並沒有要求你完全沒有私心，我們只是請你意識到自我。**

第三章 和諧關係是成功的基礎

強盛的文明是以穩固的家庭為基礎。如果你與父母的關係改善了，所有的問題，無論是學業問題或事業問題，都會奇蹟般的得到解決。

不和諧關係的問題，基本上都可以追溯到傷痛，不是你傷害別人，就是被別人所傷害。不和諧關係在外在世界會顯化為健康、財務和事業的問題，甚至還會阻礙靈性成長。這是因為外在世界反映了內在世界。這就是為什麼我們每個人都會經歷特別為我們設計的生活情況。因此，我們必須化解在每一段關係裡的傷痛。當傷痛化解時，你的外在世界也將有所改變，這是生命能否成功與健康的重要關鍵。

關係有問題的人，可能很專注於事業，使盡全力打拚，嘗試一切可行的方式，但由於沒有化解關係的問題，外在的財務問題依然無法得到解決。如果你在關係裡有許多的傷痛和負面情緒，就會顯化為某種形式的財務問題，或造成其他的外在危機。

你必須請求神的恩典，幫助你接納你的關係，穿越傷痛，以愛與喜悅走出傷痛。**一旦你充滿了愛與喜悅，你的外在世界就會自然變得豐盛**。當你在關係裡發現愛與寬恕，也尋求你曾傷害過的人寬恕你，你的心就會綻放，就會開始經驗到恩典。你的愛越多，在生活中經驗到的恩典就會越多。

傷痛療癒了，思考就會變得正面

如果你在關係中有傷痛，就會使你與較低意識連結。即使你和對方分開了，傷痛仍然在你的內在裡。一段痛苦、具有破壞性的關係會降低我們的意識層次，使我們與較低的意識連結，我們會傾向於在工作中做出錯誤的選擇，建立其他錯誤的關係，也會形成那些長期下來將傷害自己的習慣，在生活中產生種種具有破壞性、上癮和強迫的行為或模式。

如果我們的關係沒被療癒，那我們的根就是不健康的，無論你做什麼，都會一再的被拉回衝突的狀態。唯有當我們的關係療癒時，才能有正面的思考和感受。當你的關係療癒了，就會感覺到越來越多的合一與連結感。當你生活在合一與連結感的狀態中，自然就會有正面的感受。當我們在正向的情緒裡，就可以與更高的意識連結，有正向的觀點。

要讓自己遠離較低意識，與較高意識連結，唯一的方法就是進入內在，去療癒傷痛。如果你與傷痛待在一起，經驗傷痛，傷痛就會轉化為喜悅。當你化解了內在的傷痛，你就會得到自由。

拉傑特覺得很受傷，因為當他在校際問答比賽中，回答不出正確的答案時，他的老師很嚴厲的責備他。拉傑特覺得自己盡力了，但幸運之神卻沒有與他同在。他的老師沒有去瞭解他，而是粗暴、不敏感的對待他。

拉傑特被自憐的感覺淹沒了，他覺得很不公平，想找出老師這樣對待他的確切理由。是因為有人在背後向老師說他的壞話嗎？還是因為他沒有回應老師的建議，接受她的指導，老師因此不原諒他？或是因為她比較喜歡班上的另一名同學米林德？許多的思緒流進了拉傑特的頭腦裡。平常機靈敏銳的拉傑特開始在課堂上喪失注意力，變得過度敏感和暴躁。他一直很沮喪、能量低落、痛苦、不快樂。他試著忘記這件事，卻只是感到更多的怨恨。

現在假設拉傑特瞭解巴觀對寬恕的教導，讓我們看看他會如何行動。

當老師責備拉傑特時，他受傷了。但不是沉溺於自憐，責怪老師，有所反應，或壓抑感覺，拉傑特只是看見了自己受傷的事實，全然的經驗傷痛。當他經驗傷痛時，他感覺很糟糕，也可能會流淚，胸口很痛。但當他全然經驗傷痛時，痛苦到了極點，然後傷痛就消失了，寬恕就發生了，沒有情緒的殘渣留下來。於是，拉傑特就可以不帶著偏見、評判和先入為主的概念，來回應情況。

你無法做什麼來改變傷痛，只能看見傷痛，允許它自由的流動。分析傷痛，對我們不會有幫助。分析和思考，可以改變外在世界的事物，但無法改變內在的東西，包括你的傷痛、恐懼、羞愧和衝突。**所有的分析和心理活動都是頭腦逃避痛苦的方式，使你隱藏自己的負面情緒。如果我們與情緒待在一起，全然的經驗痛苦，就會看到痛苦轉化為喜悅，傷痛就不再控制你了。**

與父母的關係影響你整個生命

巴觀說：「生命就是關係。」在所有的關係中，最重要的關係是與自己父母的關係。我們與父母的關係，是其他每一段關係的基礎。無論你的父母是不是還在世，無論你與父母是不是生活在一起、還是與他們保持距離，你與家人、朋友和工作夥伴的關係，都取決於你與父母的關係。與母親的關係有問題，會在你成功的道路上，造成不必要的障礙；與父親的關係有問題，會造成你在財務的損失。**生命就是關係，生命也反映了這些關係。**

巴觀說：「如果有人向我抱怨他與老闆、伴侶或朋友之間的問題，我會忽略這些，直接去處理他與父母的關係。我們只處理他與父母之間的問題，然後一切問題就解決了。」

你和父母的關係，形成了你所有其他關係的模子。譬如，你受到父親的傷害，因為你討厭他盛氣凌人的態度，那麼你後來的人生肯定會遇到許多這樣對待你的人，他們都反映了你的父親。這些人可能是你的朋友、伴侶或你的上司。每當你遇到這樣的人時，你就會怨恨他們的威權，而傷害了自己。如果你受到母親的傷害，因為你覺得母親比較喜歡你姐姐，這傷痛就會持續在你整個生命中存在，渲染了你其他的每一段關係，使你感到不被愛。

如果你與父母的關係有傷痛，你就會一直帶著這個傷痛。有些人可能會說：「我是成年人了，也許我小時候有受點傷，但那已經過去很久了，我和父母的關係對我已經沒有影響了。」**但每個人內在都有一個小孩，受傷的是那個小孩，小孩依然活在我們的內在。**

有一位男士，他是一家擁有上億資產的大企業老闆。他以為自己沒有什麼大問題，但在他參與合一大學課程的第三天，他的弟弟來探望他，他一見到弟弟，就感到一股憤怒和嫉妒。他對內在的這種感受覺得很不自在，因為他一直認為自己很愛弟弟，很關心弟弟。他坐下來沉思，發現不是成年人的他在嫉妒和生氣，而是他內在的小孩。

當他五歲，而弟弟三歲時，有天保母讓他們在一起玩。弟弟無意間撞破了一只水晶花瓶。媽媽聽見花瓶破碎的聲音，衝進房間，發現弟弟看起來很難過，而保母又驚又怕，他們兩人不知怎麼的都看著哥哥。媽媽立刻認為是哥哥打破了花瓶，連問都沒問就摑了他一個耳光，之後就離開了。當他回憶起這段經驗時，他像個孩子般的哭了起來。

是誰在哭泣？不是那個統御企業王國的男人，而是他內在那個感到憤怒、覺得媽媽不公平、對弟弟感到嫉妒和生氣的小孩。這些感覺都還在，這些經驗仍然是鮮明的。

巴觀說：「無論你的父母是什麼樣的人，你都必須寬恕他們，因為神的恩典和你的整個生命，都取決於你與父母之間的關係。與他們的關係決定你的成功與否。你必須發自內心的寬恕，而不僅在心智上說：『是的，我寬恕了。』你要強烈的覺知到內在所有的情緒。當痛苦的情緒消失時，寬恕就會真正的發生，你就會發現喜悅。」

改善與父母的關係是最重要的，無論他們是你的親生父母還是養父母。撫養你長大的人就是你的父母。如果你有母親，而對父親沒有記憶，那麼她就同時扮演了母親和父親的角色。當你改善了與父母的關係，所有的關係都會自動改善。

唯有當你對父母感到愛與感激時，關係才會完整。當你覺得感激時，你就自由了，就可以繼續前進。**能夠感激的唯一方式是全然的感覺傷痛。**如此，你就可以寬恕父母，療癒了關係，你也卸下了重擔，因而你的整個生命就會改變。當你處理了與父母的關係，克服你的傷痛，尋求他們的寬恕，突破就指日可待了。帶著感恩去尋求父母的祝福，恩典就會透過他們流向你。

巴觀身邊的小故事

有名企業家前來與巴觀會面，他大約六十來歲，看起來憂心忡忡。他見到巴觀說的第一件事情是：「巴觀，我的企業運作得很差，它應該可以運作得更好。因為我沒有得到高階經營團隊的合作，我的企業快完了，我眼睜睜看著它衰亡。」這名男人是一家企業的總裁。這家企業專門製造燈泡和燈管，幾乎所有印度的人家中都有他們製造的燈泡和燈管；同時他們也生產鋼管。他對巴觀說：「請祝福我的企業。」

巴觀問他：「你和父親的關係如何？」他回答道：「我父親是個很頑固的老人，我們之間沒有什麼問題。他也退休了，現在由我領導企業。自從他退休，我接任他的位置以後，企業的一些問題就出現了，我該怎麼辦？」

巴觀說：「去見你的父親，和他說話，告訴他你的問題，請求他的祝福。當他發自內心祝福你時，這就足夠了。」他去到父親的家，看見父親在看報紙。他走上前，坐在父親的身邊，父親甚至沒看他一眼。他對父親說：「爸爸，我有話想跟你說。」這時他感到很惱怒，心想：「我爸實在讓人受不了，為什麼巴觀不瞭解我？為什麼他要給我這種挑戰？」然而他堅持下去，繼續談他的問題，企業裡的高階經營團隊如何不與他合作，企業蒙受怎樣的損失。如果這問題沒有立即改正，整個企業再過兩季就會垮掉。

他述說著自己的問題。突然間他開始哽咽，像個小孩般的哭了起來。當他開始啜泣時，父親放下了報紙，看著兒子好一會兒。他靠近兒子，坐在他身邊，拭去兒子的淚水，深情的說道：「兒子啊！做為父子，我想我們可以一起來做這件事。我會做任何你希望的事情，我會做任何能讓你快樂的事情。告訴我，你希望我做什麼？」父子的關係就被療癒了。

這是個巨大療癒過程的開始，關係展開了。在兩個半月之後，彷彿企業裡所有人的思考結構中的某個東西都改變了。高階經營團隊中有四、五個造成問題的人，開始一個個來找這位總裁，和他談話，跟他作朋友，與他合作。企業比前一季多創造了百分之二十的業績，該年度比前一年度也多了百分之十八的成長。他們的鋼鐵生意持續的成長著。

健康的關係支持我們去面對壓力

壓力是一個需要生理或心理能量的情況。當你試著處理生活中持續不斷的變化時，這個對於頭腦和身體的要求就會出現。它涵蓋了巨大範圍，從頭腦的惱怒，一直到可能造成健康出了狀況。壓力的跡象可能是認知的、情緒的、身體的或行為的。壓力一直是負面情況的同義詞。然而，完全沒有壓力的生活，並不是個人生命成長進步的同義詞。要讓任何的成長發生，必須有一定的壓力，使你可以超越平常的能力。在造物帶給新存在形式的每一面向中，你都可以發現壓力。

宇宙是個運動，為了活動，你需要壓力的力量。生活可能沒有壓力嗎？造物本身始有透過壓力才有可能。如果壓力沒有在海洋中建立，會有氣旋和暴雨嗎？如果沒有壓力，水會被土壤和植物的根吸收嗎？如果子宮內沒有壓力，孩子會誕生嗎？壓力是大自然或宇宙將你推向成長新層次的力量。因此，適當的壓力始終是不可或缺的。觀察一下，你就會發現到處都是壓力。你走的每一步都需要壓力。消化系統是在壓力下，處理你吃的食物。大腦需要施加壓力，產生思想的突破。如果你瞭解壓力是存在的一部分，你會接受生命就是如此。

但當今現代社會的不幸是巨大的心理壓力，這是因為我們是從一個文明階段迅速的轉變到下一個階段，新事物的出現和舊事物的終止創造出巨大的壓力。在每個領域都有加速的變化，無法適應新事物的人們經歷著巨大的壓力。

然而，當今要求的，不僅是要學習新的技能，也要在家庭的整合上努力。健康的家庭系統肯定會為你提供力量、智慧和適當的情緒狀態，來面對這充滿挑戰性的時代。因此，要將焦點放在改善你的家庭關係上。

發現關係中的愛，是壓力管理最好的形式，是所有疾病最好的醫藥，也是大多數問題的解決之道。

培養良好的傾聽習慣

「傾聽」和「聽」是非常不同的。「聽」，是對方說話的聲音只到達我們的耳膜；而「傾聽」，是我們正對另一個人說的話投入了全部的注意力。在傾聽的過程中，沒有頭腦干預的評論。**但大多時候，我們並沒有在傾聽別人，而是在聽我們心裡對別人的評論。**因此，妻子對丈夫說：「盡量早點下班。」一句簡單的話被丈夫解釋為：「我的妻子很愛嘮叨。」妻子說：「別忘了穿上毛衣，外頭很冷。」一句關懷的話被丈夫解釋為：「她認為我仍是個孩子，我難道沒有大到可以照顧自己？」父親對我們說：「不要花太多錢。」我們因父親這句不加修飾的話惱怒了，認為「為什麼我的父親一直想控制我，我想要自由」。

★是什麼干擾了傾聽？

1.覺得自己知道別人要說什麼

很多時候，你覺得我很瞭解那個人，知道他會怎麼回應，知道他所有的情緒和想法。因為你覺得自己已經知道他會說什麼，或他正在說什麼，所以你幾乎沒有給予注意力。事實上，甚至在他說完要說的話之前，你的回答已經準備好了。很多時候，你甚至沒等到他把話說完，就打斷他，說出你的回答。你從來沒聽過這樣的抱怨嗎？「請好好聽我說。」但是你的標準防衛是：「嘿！我知道你要說什麼。」當你表現出這樣的態度，一段時間之後，你們之間的交談就會減到最少的程度。甚至當他把話說出來了，還是有一種表達不充分的感覺，以及持續加大的疏離感。

婚姻破裂、親子疏遠、友誼消失、交易失敗，只因為人們沒有傾聽彼此，雖然他們認為自己有傾聽對方。

絲芮德涵是個住在首都的繁忙業務主管，她總覺得自己知道十幾歲女兒的需求，她為女兒做盡了她所可以做到的一切。但無論她多麼努力，她們母女之間的談話都以爭執收場。她極力想找出解決的方法，於是報名了為期三天的合一課程。在課程中，她意識到自己總是假定她的女兒需要什麼。她只對女兒說話，從來不傾聽女兒。「我是妳的母親，妳要聽我說話。」是她給女兒的唯一解釋。她瞭解到女兒感覺多麼不被理睬和被誤解，這個洞見使她的態度有了深刻的轉變。今天，絲芮德涵和她的女兒享受著完整的關係。

2. 沉浸在自己的思緒中

「你為什麼表現出這樣呆滯的神情，你明白我的意思嗎？哦！你總是陷入自己的思緒裡，請你認真的聽我說話。」如果你經常聽到這樣的抱怨，你就是屬於不會傾聽的人。這類型的人往往覺得別人說的話沒什麼重要——別人因為有說話的習慣，所以說個不停。他們對於傾聽變得漫不經心。他們常陷入自己頭腦中的各種問題，覺得自己的問題比和別人的對話更重要。當然，過度的緊張、壓力、挫折或擔憂也會導致這種行為。在這種時候，給予別人注意力是很消耗能量的經驗，讓他們寧願整理自己的思緒，或繼續自己的活動。

奇里特非常震驚的意識到他的錯誤，跡象已經存在很久了。他的孩子幾乎不和他說話，他們比較喜歡與母親待在一起。奇里特也很少和父母以電話交談，而與妻子的所有對話都只有一、兩個字。令他意外的是，正與岳父母度假的妻子，突然告訴他要離婚的消息。他倉惶的向神尋求幫助，並參與了合一課程。在課程中，神將他放進了他每個親近的人的位子中。奇里特是一位知名的科學家，他幾乎很少與任何人交談，總是不斷的陷入自己的思考中。他認為除了可以在智力上刺激他的話語，其他的話都是不必要的。在他經驗到妻子、孩子的苦惱與痛苦後，他就改變了。隨著神的恩典，他的妻子回到了奇里特的身邊。今天，他是一位細心的丈夫與慈愛的父親。他的妻子也非常感激神。

3. 貼標籤

阿莫爾和薩叡塔的爭吵已經到了很嚴重的程度，兩人不斷相互指責。在長達七年的相戀之後，阿莫爾和薩叡塔結婚了。他們曾有一段美好的關係，但婚姻改變了一切。從結婚的第一天開始，他們的婚姻就很憂悶。阿莫爾懷疑薩叡塔所做的每一件事情；薩叡塔也覺得阿莫爾令人厭惡。隨著日子一天天過去，兩人共同的生活變成一件難以忍受的事情，離婚似乎是唯一的出路。幾個朋友帶他們去參加巴觀的達顯，巴觀向他們揭示了問題的根源。他們結婚的那天非常忙亂，隔天就要前往美國。結婚典禮後，薩叡塔的父母帶小兩口回家，當他們忙著準備女兒的行李時，請女傭去招待新女婿用餐。阿莫爾對岳父母這樣的對待，覺得受到了很深的侮辱，因此懷疑起他們的動機。但在這一切混亂之後，這事似乎就被遺忘了，怨恨卻已扎下了根。無意識中，阿莫爾開始懷疑薩叡塔的每個舉動，她所有對愛的誓言似乎都是錯誤的和膚淺的，阿莫爾成了愛嘮叨抱怨的丈夫。薩叡塔受到阿莫爾不必要的批評所傷害，而對他貼上無情暴君的標籤。雙方都固執於自己的觀點，關係就破碎了。

頭腦的本質就是依據過往的經驗將每個人貼上標籤，然後這種觀點就會滲入每一次的互動中。一個人說的每句話或做的每件事，都不再被視為是獨一無二的行動，而是用以前的觀點來判斷。如果用的觀點是負面的，即使別人做了再好的行為，也都是錯的，而又加強了原來那個負面的觀點。在這種情形下，你也就無法傾聽他說的話，因為你只會聽到你的頭腦對他的評論：「他很壞、愛嘮叨、不瞭解我、多疑、不愛我等等。」當你缺乏傾聽時，就無法瞭解他，無法以新的觀點來看他，也就沒有任何新東西可以在這段關係中發生了。這就像戴上一副有色的眼鏡，一切你所見的事物都被染色了，但你會持續的認為過錯是在別人的身上。

★要如何培養傾聽？

首先是要知道一個簡單的事實：**當你說話時，你就沒有在聽。覺知到自己不斷有想說話的衝動，接著你就會自動的進入傾聽的模式**。

與你正在傾聽的人，保持目光接觸。無論你覺得事情有多瑣碎，給予別人充分的注意力是至關重要的。小孩愛講話可能會使父母惱怒，但從小孩的角度來看，會將父母的傾聽視為他們有多愛他。

當你與別人說話時，覺知到你頭腦持續的喋喋不休、評判、貼標籤，以及堅持你的觀點。看見這些是多麼有害，看見這些如何摧毀你的關係，進而摧毀你。當你看見貼標籤的有害本質時，它就會自動喪失力量，傾聽就會在你身上發生。

巴觀說：「**不要試圖練習傾聽，你就是覺知到自己沒有在傾聽而已**。在這樣的覺知中，傾聽就會發生。」

最後，如果這一切都沒有效，你可以尋求神的恩典。請神幫助你進入傾聽的狀態，在傾聽的狀態中，你的頭腦就不會再去干涉任何的經驗。所有過去的觀點都會被消除，每一個經驗都將是全新的與清新的。

巴觀身邊的小故事

有一個七十多歲、非常強健的老人，來拜訪巴觀。他坐在巴觀面前，說了很多事情。最後，他問道：「巴觀，有一個問題很困擾我，我的重聽越來越嚴重，我不能接受這個情況，因為我覺得這剝奪了我的力量。我不希望家人知道我有重聽的毛病，但我卻問他們同一個問題三、四遍。有時因為我重聽，我會用很大的音量說話，結果我的家人就被惱怒了。你能幫助我嗎？」

巴觀看著老人，說道：「如果你能做到我要求你做的，你就有可能恢復聽力。」老人非常樂意。於是巴觀說：「你有孫子嗎？」老人以為巴觀誤會了，他說：「巴觀，我是請求恢復我的聽力。」巴觀說：「回答我，你有孫子嗎？」於是老人說：「是的，我有一個孫子。」巴觀告訴他：「當你回家時，去買兩支冰淇淋。回家後，叫你的孫子來。」他的孫子當時剛好五歲。巴觀說：「叫你的孫子來，然後你和孫子一起鑽到床底下，躲起來吃冰淇淋。這麼做幾次後，你的聽力就會恢復了。」老人答應之後就離開了。

一路上，他覺得很有趣，因為他從沒做過這麼蠢的事情，不過他還是去買了兩支冰淇淋。回到家後，就叫他的孫子來，祖孫倆鑽到床底下，他給孫子一支冰淇淋。老人會這麼做，是因為他不惜任何代價想要恢復聽力，而且他覺得這是很有趣的經驗，可以為生活增加一些變化。接下來，祖孫倆就開始在床底下享用冰淇淋。孫子也對威嚴的爺爺突然的舉動感到很驚訝。他們很享受這樣的經驗，於是計畫隔天在其他人起床之前，一起去騎腳踏車。祖孫倆在家人沒有察覺的情形下，一起玩耍。過了一段時間，也就是祖孫一同玩耍了二、三個月之後，老人變成了一個快樂的人。不僅如此，他的聽力也恢復了。

這是如何發生的？原來，這個老人為軍隊效力了將近二十年。在他成為軍官的訓練過程中，他不知怎麼的關掉了自己的某個部分。在我們每個人內在都有一個小孩，而他卻讓自己內在的小孩變沉默了。他變得太像大人，一個只會思考的人。即使在他退休後，回到自己的家中，但因為他已經習慣處於權威的位置，無法擺脫。他總是擔任老大，要全家人都聽他的，所以他從不傾聽。在每次的談話中，他的聲音都是最大的，而他的意見就是最終的決定。如果任何人敢不服從或不同意，他就會終止談話，因為他不想聽到別人說「不」。

他內在已經停止了傾聽，當他內在停止傾聽時，他的身體也逐漸的停止傾聽。當他內在的小孩再度活躍時，身體就會將不同的訊號傳到大腦，聽力就恢復了。

與巴觀同在的夜晚

為什麼即使我試著去寬恕別人，卻依然做不到呢？

你無法寬恕，我告訴你這是一個消極的教導。如果你說：「我要寬恕。」這是積極的事情。因此，教導的基本原則是：「在外在世界，你可以是積極的；而在內在世界，你只能是消極的。」你無法寬恕，是因為別人傷害了你，而你感到痛苦。合一教導說的是：「與痛苦待在一起。」奇妙的是，如果你與痛苦同在，痛苦本身就會轉化。當痛苦本身轉化時，你就會寬恕。不是你去寬恕了，而是寬恕自動發生了，因為傷痛消失了。

這就像是燃燒一塊木板，木板會變成一縷煙，最終消失不見。和這個道理類似的是，如果你與傷痛待在一起，與它共處、經驗它，就像燃燒會變成煙的過程一樣，它就會逐漸成為喜悅。是什麼變成了喜悅？是傷痛成為了喜悅，痛苦成為了喜悅。這就像無論你是將什麼放進火裡，衣服、木材、煤或任何東西，都會燃燒。與此類似，當你與某個東西共處，當你經驗了某些事情，它就經歷了燃燒，就會產生能量。那痛苦給予了你能量，當它給予你能量時，就會帶給你喜悅。當它給予你喜悅時，你怎麼會不寬恕它呢？痛苦自動就消失了。因此，**一切都必須是自動發生的。如果你試著去寬恕，這就變成了頭腦的遊戲**，你永遠都無法寬恕，你如何能寬恕傷害了你的人呢？這是不可能的。

傷痛如何造成生活中的問題？

生活中有兩種類型的問題：實際的問題和被創造出來的問題。實際的問題可以解決，而被創造出來的問題永遠無法得到解決。這些問題是因為有傷痛存在著。透過傷痛，問題就會影響一個人。你在外在世界發生的大多數問題都是源於你的傷痛。內在的傷痛會造成外在的問題。如果造成問題的傷痛被清除了，問題就會消失了。問題的出現，是因為一個人的感知。譬如，同一個情況，對一個人而言是好事，對另一個人來說卻是壞事，這是因為兩個人的感知不同。一個人會用這樣的方式感知情況，基本上是因為他的創傷和童年的遭遇所決定的。

在你的內在，有你沒有覺知到的事情正在進行著。你所謂的問題不過是被創造出來的問題，而不是真正的問題。真正的問題是在內在深處，那是你拒絕看見的。當你看見自己的內在時，才能碰觸到真正的問題。當你開始覺知到自己的心理歷程，很快的，你就會發現除了你所謂的問題之外，還有更多的問題。當你保持對內在的覺知，在旅程持續進行時，你會發現很多的東西。最後，衝突就消失了。當你的感知改變時，問題就會自動的得到解決。

如何消除傷痛？

首先你要明白的是，所有的痛苦都只是一個故事，是那個故事造成了痛苦。只是瞭解它是個故事是不夠的，你還必須知道故事是什麼。你必須將痛苦帶到下一個階段。當你與痛苦待在一起時，痛苦就會告訴你它的故事。對你可能是很令人驚訝的，它將出乎你的預期。

譬如，很多年前，我認識一個在裝備技術研究所（IAT）就讀的年輕男孩，他後來成了一位非常著名的科學家。如你們所知，那裡匯集了印度的菁英。當他進行物理研究時，產生了巨大的性欲。於是他開始做瑜伽，但性欲並沒有消退。他又做了許多其他的事情，但性欲仍然不受控制。無論他怎麼做，都無法控制住他的性欲，這影響了他的學業。讓他痛苦不堪。

當他經驗這種痛苦時，首先他與痛苦待在一起，故事就浮現了。故事是他痛恨應用物理，而深愛理論物理。他恨死了應用物理，對這些完全沒興趣。他熱愛數學和所有抽象的物理概念，那是他的所愛，而不想將時間浪費在應用物理。對應用物理的憎恨所引發的厭惡感，以性欲展現出來。

每當你從事某個你不喜歡、憎恨的工作時，性欲就會變得過旺。因為你是為了生存才這麼做的，是對生存有所恐懼。這男孩因為知道自己可能會在應用物理的領域失敗，也就是無法取得碩士學位，更不可能成為他想成為的科學家。這意味著他的生存受到了威脅，而他的整個生存就是成為偉大的科學家。他動搖了。

當生存受到威脅時，性欲就會自動增加。這兩者之間有密切的關係。性欲、生存和安全感有著密切的連繫。當生存受到威脅時，性欲就會自動增加。假設你買的股票下跌了，你就會看見性欲增加。假設你是從事生意，而生意失敗了，你的性欲就會增加。失敗總是會導致生存受到威脅，性欲因而自動增加。

這男孩很清楚這點時，就有了與痛苦待在一起的勇氣。去經驗痛苦，於是故事開始揭露了。然後，他就知道：「就是這個，不是嗎？」接著發生了什麼？他突然發展出對應用物理的喜愛，因為他知道他增加的性欲和他對應用物理的厭惡有關。於是他說：「好吧，我會在這方面更努力一點。」當他這麼做時，過旺的性欲就消失了，下降到了正常的比例。男孩後來成了一位世界著名的科學家。

因此這個故事就揭開了。這就是為什麼我們說被創造出來的問題和真正的問題兩者是有差別的。每當你告訴我：「這是我的問題。」我知道這是被創造出來的問題，真正的問題是其他的東西。

那要如何到達那裡呢？首先，你要瞭解每件事都只是一個故事。如果你與痛苦待在一起，故事往往就會被揭開了。如果故事還不能揭開來，那麼你可以去經驗痛苦，那麼故事就會被揭開，不僅如此，傷痛也會揭開來。與痛苦待在一起可能會將故事揭開，但它可能不會移除傷痛。在這個男孩的例子中，當他與痛苦待在一起時，他瞭解了故事，瞭解他為什麼會對應用物理那麼憎恨，以及所有的事情。但這個故事還沒有結束，男孩還是有不舒服的感覺。當他開始經驗痛苦時，他突然想起了他叔叔的評論。他叔叔是美國大學著名的物理學教授。在他小時候，叔叔就對他說：「只有傻瓜才會從事應用物理。聰明的人，只會進入理論物理的領域。」這造成了男孩對應用物理的偏見，因而憎恨應用物理這門學科。

在男孩經驗痛苦之後，傷痛就消失了。為了消除傷痛，你必須去經驗痛苦。每當任何事情被重新經驗時，傷痛就消失了。你必須清楚的重新體驗它，當你重新經驗痛苦時，傷痛就被移除了、消失了。隨著傷痛消失，整個感知就跟著改變了，因為它來自於你的故事或傷痛。你是依據你的感知去經驗真實，一旦感知改變，經驗就會跟著改變，一切都會改變了。

如何在關係中經驗到更多的愛與喜悅？

合一最重要的教導之一是，內容是什麼並不重要，如何經驗內容才是重點。無論你在生命中發生了什麼，**你必須學習經驗別人的藝術**。這是真正的生活藝術。真正的生活藝術是全然徹底的經驗所發生的一切。大多數時候，我們發生的都是人際互動，你一直在與你的朋友、親戚、老闆、小孩、家人互動，因為生命就是關係。在關係裡，你也許會受傷，也許會被激怒，也許會回憶起某些事……這些事情就是發生了。

無論發生了什麼，假如你能夠全然的去經驗，就會發現無限的喜悅。有這麼多的喜悅時，會發生什麼？喜悅不會停在那裡，喜悅會轉化為愛。只有快樂與喜悅的人能夠真正去愛；不快樂的人是無法去愛的，那樣的愛只不過是依賴、占有。真正的愛只能源自於真實的喜悅。唯有當你經驗內在所發生的一切時，真正的喜悅才會來臨。這並不會很困難。

對此練習二十一天。如果你繼續練習，就會變得自然。大腦必須學習新的運作模式，這要花二十一天的時間。在練習二十一天之後，你就會發現它變得容易了。它會變得像是酒精上癮或藥物上癮。你為什麼會上癮？因為上癮物質彷彿給了你如此多的喜悅、快樂或自由。這裡發生的也是如此，只是這裡發生的是沒有副作用的「上癮」，而且有著非常有益的效果。你發現了愛與慈悲，這一切發生了。

因此，基本上你必須從痛苦開始，宛如抱著新生兒般的抱著你的痛苦。你要小心的抱著這個痛苦，你要知道它是個祝福，擁抱它，不去譴責或評判它。奇妙的是，你會發現它非常痛，它成為在胸口的痛苦，但漸漸的你就會發覺自己發現了自由與喜悅，喜悅就會轉化為愛。這就是獲得無條件的愛與無限喜悅的方式。

與父母的關係如何影響我的生活？

生命就是關係。你是某個人的伴侶、某個人的父母、某個人的子女、某個人的朋友。當你與父母的關係良好時，一切都會自動到位，沒有衝突，沒有壓力，有更多的生命能量。於是，你就會變得更有生產力和創造力，更專注，也更有效率。

改善與父母的關係是最重要的。理論上來說，所有的關係都反映了你與父母的關係。每段關係都確實的反映出你與父母之間發生的事情。你與家人、朋友、工作夥伴的關係，都取決於你與父母的關係。一旦你與父母的關係改善了，一切都會改善。

我們不斷教導你是什麼問題讓你無法富有、阻礙你實現願望。基本上，大多數的時候都是關係的問題。百分之九十五的問題來自於我們的關係。你被前世到受孕之間的程式，以及受孕到自我誕生之間的程式所控制著。改正程式最簡單的方法，就是療癒你與父母的關係，請求他們的祝福。當你得到父母的祝福時，程式就會被改正。如果你與父親的關係改善了，財務問題就會得到解決。如果你與母親的關係改善了，所有的障礙就會化解。去療癒關係，程式就改變了，這就是為什麼我們要去請求父母的祝福。

當你的關係被療癒時，就會影響心，而心與大腦是相連的，某些信號就會從大腦傳出。舉例來說，如果某個人必須還給你一筆錢，卻遲遲沒有還你。一旦你改善了關係，心就會將訊息傳給大腦，大腦是個傳送能量的儀器，那個人就會接收到這些能量，他的心就會受到改變，然後就會將錢還給你。

透過經驗你就可以證實這點。而做這個，你就會得到那個。嘗試一下，然後看看會發生什麼。任何有嚴重財務問題的人，當他療癒了與父親的關係時，就會立即看到財務改善了。如果你有不必要的障礙，當療癒與母親的關係時，就會看到障礙漸漸消除了。這是可以透過經驗證實的。我們所談的這些，都是可以實際證實的。

如何改善與父母的關係？

改善與父母的關係，意味著服侍、尊重和愛你的父母。

如果你觀察你的生命，會發現整個宇宙都參與其中。你的父母為什麼以特定的方式行動，而他們的行為又是取決於他們的前世、如何受孕，其實他們也是無助的。你沒有權利去評判他們，你必須接納他們本來的樣子、愛他們、服侍他們、尊重他們。當你這麼做的時候，你們的親子關係就會得到改善。當你不再評判父母時，你們之間關係就會改善，而你的心就會綻放。當你的心綻放時，就會與地球的心同步。當這兩者同步時，你就會擁有健康的身體，美好的事情也會發生在你的身上，恩典就會流動著。

當你回到家裡，你必須服侍、尊重和愛你的父母，然後你就會得到世界上所有的祝福，神的恩典就會百分之百的來到你身上。你就會通過考試、如願結婚，實現所有你想達成的，你的人生將會非常成功。但如果你和父母的關係有問題，它就會以各種的問題返回你身上——孩子問題、工作問題、發生意外、罹患疾病等。與父母的關係是一切問題的根源。如果你處理了與父母關係的問題，意味著一切都被處理了。我們在許多地方看到當人們與父母的關係改善了，幾乎在二十四小時之內，他們的問題就立即消失了。

我遇過一個人，他說他已經六、七年沒跟父親說話了，但在他與父親開始說話之後，他的問題就消失了。

父母希望我成為的和我的心渴望的有所不同時，要怎麼辦？

假如你真的表達了對你父母的愛，他們會自然的開始依你所願行動，而不會反對你。假如在這之後，他們依舊堅持如故，那麼你的理想是更重要的。無論你聽從父母成為他們希望你成為的，或者做你的心渴望的，在這兩種情況下，**你都會為沒做另一件事情而感到痛苦**。譬如，如果你聽從父母，你就會覺得自己的情緒被壓抑了，那麼你就必須去接納你的情緒被壓抑的事實，經驗被壓抑的痛苦。如果你接納了痛苦，並經驗它，神奇的事情就發生了；奇妙的是，你會經驗到喜悅。要瞭解你在生活中無法總是得到你想要的。當你感到傷痛時，如果你不逃離傷痛，而是去經驗傷痛，傷痛就會奇妙的轉化為喜悅。

為什麼我們往往能傾聽朋友，卻不願傾聽親近的人？

在親近的關係中，我們經常視彼此的關係為理所當然的。他與我是如此親近，所以我覺得他是屬於我的、是我的。因此，自然會視彼此的關係為理所當然的。所以，每當我們的父母說些什麼時，我們就會覺得他們又想要支配我們、控制我們了。這是我們看待父母關係的方式。然而，如果我們與父母的關係，或是和親近的人之間關係是像朋友一般的話，這個問題就不會存在。我們將一些框架放進我們與伴侶、父母、兄弟或熟人的關係之中。在這些框架中，我們就會覺得他們在支配我們。但如果你與兄弟、伴侶或父母的關係是像朋友一般的話，這個問題就不會存在。首先，你必須有友誼的基礎，這就可以解決問題。如果對方是你的朋友，你就會傾聽他。這就是為什麼**你要在任何關係中，保有友誼**。

第四章

與神共同創造你渴望的生活

就像我們可以運用太陽能與風力，來滿足我們對能源的需求。我們也可以運用神聖能量，來處理我們的財務問題、關係問題、健康問題，以及任何我們所面臨的問題。

巴觀說：「**意圖＋努力＋神聖恩典＝成功。**」要在生命中實現任何事物，無論是精神上或物質上，我們都需要三個要素：意圖、努力與神聖恩典。一旦你擁有了意圖，再加上努力，神聖恩典經常就會隨之而來。人們可能稱它為運氣、偶然、巧合、恩典或神的力量。有時我們擁有正確的意圖，也有適當的努力，但成功還是不見蹤影，這時你就需要與更高的意識連結。

你可以用任何你想要的形式，來與任何的神連結。你可以與神有任何種類的關係。無論你將神視為基督、佛陀、阿拉、宇宙能量或普遍存在的能量，為了讓神回應你，你都必須與神有連結。當你與神連結時，有越多的愛與神聖感，祈禱就會越有效果。

神不會評判和懲罰你。因為祂是你的朋友，一個朋友自然會關心你的福祉和幸福。你的神也是如此。

神一直存在你的生活中

在人類的生命中，宇宙智慧以各種的形式與人類互動。人與神的互動並不侷限在宗教與靈性中，我們也可以在科學、藝術、人際關係、工作場所，或在生命的各個面向中看見神。神的訊息不斷的向我們揭示，這些訊息不一定是以話語的方式傳達，也可以透過經驗的形式出現。

我們所以為的「巧合」，其實並不存在。在凱庫勒的夢中，咬著自己尾巴的蛇並非偶然發生的，而是神的智慧在他的夢中顯現出來的。**神的訊息時常以巧合的形式出現**。因為我們很少認出神的訊息，所以我們說這是偶然、運氣或意外。如果一個人可以認出這些訊息的來源，他就會對神充滿愛與感激，最終這些巧合就會變成奇蹟。有時神的訊息會提醒你此生的使命；很多時候，訊息是你當前問題的解答。例子不勝枚舉。

巴觀說：「你不需要到其他地方尋找神，所有你必須做的是檢視自己的生活，然後你就會看見神。透過你的生活，神的手一直在幫助與帶領你，只是你沒有意識到祂。當你回憶你的生活，你會發現有一個更高的智慧、更高的能量，總是陪伴著你。當你意識到這個事實，你就發現了你生命中有神的存在。」

因為我們沒有回顧自己的生活，也沒有沉思自己的經驗，所以我們看不出事件之間的關聯性。當我們回顧自己的生活時，就會看到有一個不斷在引導與指引我們生命的力量。我們開始看到「它」是多麼的關心我們，幾乎感覺「它」只知道我們，不知道其他人。這是非常個人的感覺，你終於感到了歸屬感。

隨著我們在與神的關係中成長，我們的生命就會變得有意義。你自然就會尋求神的幫助，並會以某種形式得到神的回應。這就像是與你的朋友交談一般。不同的人以各式各樣的名字稱呼這股「力量」——宇宙意識、能量、智慧、大我、大自然、神等。你如何稱呼「它」並不重要，重要的是要與這股「力量」建立起連結。與神的連結，意味著永恆的平安；與神的融洽關係，就是感受祂在我們生活中的存在。

神讓你連結了無限的機會

當神在你的內在覺醒時，就稱為「內在神」——祂是與你最親近的神。內在神也稱為內在存在者（indweller）或更高的神聖自我。這位神可以用無數的形式呈現，或化身為無形的臨在或聲音。

內在神就像網路般運作。網路是世界各地的個人或組織所創造的網站的連結，這是一個巨大的資訊、知識和力量的大池。一個人可以運用這大池，得到任何他所需要的。有一些網站伺服器具有你所需要的資訊或服務，網路將你與那些資訊、服務連結。一旦內在神覺醒了，祂就像是網路一般。**你的內在神連結著整個人類的內在神，在你心裡進行的祈禱可以喚起世界上任何地方的回應，你就會看見奇蹟與奇妙的巧合。**

有一對恩愛的夫妻在他們兩人相遇之前，男方剛剛結束了一段長達八年的關係，覺得幻滅；而女方也才恢復單身。她去到一個特別的地方朝聖。在那裡，她連結了更高意識，說道：「請把我的真命天子帶到我這裡。」她觀想理想伴侶的樣子，並與更高意識連結。

幾天之後，她與一位男士在機場相遇。偶然的，她發現他們的座位相連，在交談後，他們發現彼此的興趣相投，而且對方就是彼此在找的那個人。在認識六個月之後，男士向她求婚。她非常的驚訝，因為他求婚的地點，就是當初她連結了更高意識，祈求遇見真命天子的地方。她說：「這不只是巧合！為什麼我們會來到同樣的地方？為什麼他會在相同的地點跟我求婚？」

當你與更高意識連結時，你會發現自己就連結上了無限的幫助，就連結上了巨大的力量與偉大的智慧。突然之間，生命變成了一場遊戲，因為更高意識像網路一樣，顯化了你、你的朋友，也顯化了你的商業夥伴，祂在各地為你顯化。這就是為什麼當你與更高意識連結，並設定意圖時，更高意識就會挪動全世界的人們——世界宛如一個棋盤，而人們是棋盤上的棋子一般——人們開始相互連結，其結果就是巧合或事件的巧妙發生。

你需要一個突破，而有個人可以給你這個突破，神就會將你們連結起來。你患上一種疾病，在世界上某個角落有位醫生可以醫治你，神就會將你們連結起來。你有個商業構想，在某個地方有個人可以瞭解你的想法，並提供資金給你，神就會將你們連結起來。你寫了一本書，有間出版社可以使它成為暢銷書，你需要與這間出版商連結，神就會使這個連結發生。海倫·凱勒必須遇到她的老師蘇利文，才能發現自己的潛能，成為許多沮喪心靈的燈塔。你的內在神也是這樣與全人類的內在神連結著，這就是神運作的方式。

萬物都受到內在神所引導。就像下面這個例子：

在日本，有一種螃蟹快要滅絕時，雖然政府明令禁止捕捉或食用這種螃蟹，但人們還是繼續捕捉，使得這種螃蟹幾近滅絕。這時，這種螃蟹的背上突然都出現了人的臉，人們於是不再敢吃牠們，開始將牠們當作神敬拜。就是螃蟹的內在神保護了該物種免於滅絕。

內在神是人內在的神聖意識。當你以內在神的指引為基礎來生活時，就會建立起平靜和秩序。許多時候，我們困惑什麼是對的？該做什麼決定？該如何採取行動？我們也常常在採取行動之後後悔。但如果你有內在神，以祂的指引來生活，你的生命將會不再相同。

巴觀說：「當你覺知到頭腦對內在神的干預，干預就會自然停止，頭腦就不會再干預內在神。這就像你家中有小偷，當你意識到小偷，或小偷意識到你時，問題就不存在了。同樣的，當頭腦意識到它被觀察時，就會變得安靜，內在神就會變得很有力量。」

用祈禱喚請神的幫助

當我們回顧自己的生命時，可以回憶起極度無助的時刻。許多次，我們盡力去處理面臨的狀況，也許是我們自己或所愛的人生病了、發生危機，或遭遇職業生涯中的挑戰。儘管憑藉著我們的智慧、敏銳、能力、物質力量和周圍所有人的支持，卻還是無法克服所陷入的狀況，這時我們就會瞭解到有些事情是自己無能為力的，也沒有人可以幫助我們。在這個時刻，我們就會意識到讓神的幫助介入我們生活的需要，而願意邀請恩典進入我們的生活之中。

放下或無助，並不是絕望。當我們絕望時，我們會擔憂，耽溺於焦慮、恐懼和恐慌，這實際上是緊抓著問題不放，因而讓恩典難以降臨在我們身上。另一方面，無助其實是瞭解到人類努力的徒勞，所以等待神的幫助。

巴觀說：「當我們使用『臣服』這個詞時，我們的意思是：你必須瞭解頭腦無法真正幫助你，以及你必須超越頭腦。**如果你放下頭腦，這個『放下』就是我們所說的『臣服』。你必須瞭解頭腦是有侷限的，在頭腦上浪費時間是沒有用的，它只會為你製造障礙。**如果你可以看見這點，頭腦就會停止干預。當這發生時，我們就說你臣服了。僅此而已。這不是某種奴隸式的屈服。神不會喜歡你像個奴隸般屈服，畢竟祂是你的朋友。所以當我們使用『臣服』這個詞時，意思是將你的頭腦放到一旁，知道頭腦的侷限性。當你感覺自己完全無助時，就會發現臣服，這時恩典就會降臨。想像自己卡在鐵軌上動彈不得，火車卻向你疾駛而來，那時你一定會臣服。許多人只在危急的時刻才臣服於神，這就是為什麼奇蹟也只在這些時刻發生。」

臣服是一個平靜的狀態。當你進入這個內在的放鬆狀態，祈禱就會自然從你的內在浮現。祈禱並不是培養出來的慣性或習慣；祈禱是愛，就像是奔向母親的懷中。而要持續得到恩典，你必須知道如何祈禱：

1.情感的連結

祈禱最重要的是建立與神的連結。如果你與神沒有友善的連結，你只能說出一些空洞的話：「請救救我！請給我這個。」這不是祈禱。祈禱就像與父母、朋友，或某個親近的人交談一般。在祈禱中，情感就是連結。情感可以是任何的感覺，**無論是心中深深的傷痛、喜悅或感激，任何的情感都可以將你與神連結**。如果在祈禱中有情感，神的回應就會很迅速。如果你與神有強烈的連結，祂就會一直與你同在。

2. 清晰

在祈禱時，清晰是很重要的，你必須對請求的事物很清晰。如果你想要一份工作，請清楚的告訴神，你喜歡什麼樣的公司、它應該如何。如果你想要一百萬元，觀想這筆錢在你的手中或銀行帳戶裡，**你的畫面必須是真實、立體和彩色的。並將你的感覺帶進來**，也就是當你的願望實現時，你會有什麼樣的感覺。此外，不要對神說：「請在未來這麼做。」觀想你立刻就得到了。你提供的資訊越多，就越容易實現。你的祈禱越清晰，神就越容易給予你恩典。

3. 專注在解決方法上，而不是問題上

祈禱是為了追求豐盛，而不是表達缺乏。**告訴神你想要什麼，而不是你沒有什麼，或不想要什麼**。當你想要金錢時，不要告訴神：「神啊！我有金錢上的問題。」而是向神請求：「我想要這份工作。」、「我想要這麼多錢。」專注在解決方法上，而不是問題上。不要說：「神啊！這很困擾我，我希望能結婚已經有三年了，我努力了很久。」這些是問題。你要請求的是解決方法，直接說：「神啊！我想要結婚、我想要金錢、我想要孩子。」並告訴神解決問題的方法，請求：「我想要房子、我想要車子。」

4.在突破性的狀態中祈禱

有家印度的造紙廠老闆到中國的一個小村莊做生意時，不小心弄丟了護照、證件、手機和現金，他公事包裡的所有東西都弄丟了。他又不會講中文，所以很驚慌。他在恐懼中向神祈禱，但什麼都沒發生。這時，他想起巴觀說必須在突破性的狀態中祈禱，於是他改變身體的姿勢，以及他的感覺和想法，然後再次祈禱。這時突然一個會講英語的中國女孩來到了他的身邊，給予他所要的幫助，帶他到警察局。警察給了他一份文件，讓他可以安全的留在中國，又要他到印度大使館中請新護照後再返回印度。於是，中國女孩將他帶到印度大使館，大使館給了他所有必要的幫助。

5.祈禱時必須真誠

有的人在向神請求數百萬美元時，會說：「我想要用這筆錢為窮人服務、做好事。」你不應該假裝，而必須是真誠的。請求：「我想要這筆錢，我想要買一間平房，希望讓我一家人得到快樂。」這種請求沒有錯。事實上，這才是請求神的真正方式，非常的真誠。

◆◆◆◆◆◆

在德里有個神經外科醫生，當他進行手術時，會請求神的幫忙。手術前，他會祈請神，接受神的幫助。在平常，神都會幫助他，恩典會透過他的手流動，他的手術總是非常成功，從來沒有失敗過。但有一次，當他治療一個頭部嚴重受傷，需要立即動手術的病人時，這次的祈禱卻沒有成功。他祈禱道：「神啊！這名病人是個年輕人，他需要生命，請幫幫忙。」但什麼都沒發生。他又祈禱道：「如果這名病人死了，他年輕的妻子將成為寡婦，年幼的孩子就會受苦。請幫助他們！」還是沒有動靜。

這時，醫生想起了「祈禱時必須真誠」的教導。於是他說：「神啊！我從來沒有在任何情況下手術失敗過。如果這次手術我失敗了，我的紀錄就會有汙點，這會損壞我的名聲。」然後，他立刻就得到神的幫助，完成了手術。

在祈禱完成之後，彷彿祈禱已經實現了，以這樣的態度向神表達感恩。在感恩時，你就會經驗到愛與連結的感覺，而這將會啟動心，心就會將訊息傳入大腦，接著大腦就可以將訊息傳給神，從神那裡獲得恩典。**你越常認出生命中以最小的巧合開始的恩典，恩典就會等比例的成長、不斷倍增。**

創造能實現你願望的神

有一個小偷潛入村莊尋找可以下手的行竊對象。在村莊裡，他看到村廟前擠滿了數百個人，他們專注的聆聽一位宗教學學者講述克里希納的生平。小偷懷著扒竊幾個受害者的動機混坐在人群中。這名學者正在描述克里希納與巴拉茹阿瑪的模樣、祂們穿著的服飾與配戴的美麗珠寶。小偷聽了之後，誤認為祂們是村莊裡的富有地主，而起了偷竊的念頭。在學者的演講結束時，小偷將他擋了下來，威脅他說出克里希納與巴拉茹阿瑪的地址。雖然學者試著說服小偷祂們不過是神祇過去著名的化身，現在並不在世間。但小偷聽不進去。小偷還答應學者如果他行竊得手的話，會把掠奪品分給他。學者想擺脫這個蠢極了、沒受過教育的小偷，因此給他一個遙遠的地址，然後就回家了。

小偷開心的啟程，尋找那個地方。在兩天疲倦的旅程後，他抵達了學者給的地址。小偷坐在榕樹下，期待克里希納與巴拉茹阿瑪的到來。而祂們真的來了！

祂們正在放牧牛群，穿著打扮和學者的描述一模一樣。小偷欣喜的看到祂們的服飾與閃閃發光的寶石。他走近說：「嘿！你們兩個，把你們所有的貴重物品都給我。」克里希納與巴拉茹阿瑪對彼此微笑，欣然的交出所有的珠寶，然後繼續放牧。

得手的小偷依照承諾，迅速回到了學者那裡，講述那些談話和後來發生的事情。學者很震驚，因為他描述的模樣的確就是克里希納與巴拉茹阿瑪。小偷真的見到了學者鍾愛的克里希納！他噙著痛苦的眼淚，送走了小偷，並要小偷留著本來要分給他的掠奪品。

那天晚上，學者睡不著，他感到非常痛苦。他皈依了偉大的克里希納，對克里希納知之甚詳，卻見不到克里希納；而那個沒受過教育，甚至不知道克里希納是哪位神的小偷（更不用談有沒有皈依了）卻見到了祂。「克里希納，為什麼這麼不公平？我不夠虔誠嗎？」他在內心哭泣著。那天晚上，克里希納出現在學者的夢中。祂帶著仁慈的笑容，撫慰了這位痛苦的皈依者，說道：「雖然你一輩子都在敬拜我，卻從不相信我可以出現在你面前、向你說話，與你一同嬉戲。你將我當作神像敬拜，卻從來不當我是一位有生命的神。全心全意尋找我的人就可以找到我。我就是我的皈依者希望我成為的樣子。」

巴觀說：「神是無形的，祂並不表現出任何特性，而是採取你希望祂呈現的形式，表現出你賦予祂的特質。**神的存在並不取決於你，但神回應你的方式取決於你**，這就是為什麼我們說：『你創造自己的神。』」

神沒有自己的性質。你會收到神給予多少的恩典，或祂會以何種形式對你顯現，都取決於你與神之間的關係。神是真實的，但不是絕對的。神沒有定義自己，而是由人類定義神。就像是陶藝師使用黏土創作作品——你是陶藝師，而神是黏土。你的神會以你想要的方式回應你，你擁有自由可以設計自己想要的神。

因此，沒有會懲罰你的神，也沒有冷漠的神。你有這種的概念是很重要的。如果你認為神會因為你的想法或你的生活對你發怒，因而害怕神的話，那麼你的神一定會懲罰你。如果神對你而言，是一個懶惰的父親，在你無止境的祈禱之後，才會回應你，這將是你的現實。你使自己的生活一團糟，因為你不知道你擁有力量和自由可以去創造自己的神。你可以給自己最大的詛咒之一是，創造一個錯誤類型的神——一個有問題的神，祂會坐在你身上評判和懲罰你。

創造你的神，不是指透過自己的想像去創造出一位不存在的神。創造你的神，是指意識到你所擁有的力量。神是強大的，而你是神的一部分，因而也是非常強大的。你擁有自由去設計出你想要的神。不要認為設計神是冒犯神，你一直都不自覺的在創造自己的神，只是現在才有意識和明智的去創造。

自古以來，有許多例子是神對人示現，人可以與神說話，和祂一起吃飯，跟祂共同唱歌跳舞。這些例子就是人發現與信任神。然而有些人沉溺在懷疑中，認為這真的有可能嗎？當問題越大，伴隨的焦慮也就越大。請記住，問題是大或小，不過是你自己的觀點。對神而言，療癒了人類醫學無法醫治的疑難雜症，與消除輕微的頭痛是完全一樣的。如果一個人能打破所有對神的原始和錯誤的概念，如果他能感覺到他的神是全能的，可以為他做任何的事情，神就會這樣對他。如果一個人堅信神可以讓他在一夜之間成為億萬富翁，或者可以在一天之內清除他所有的債務，他的神就會如此。

另一方面，如果你將神定義為難以接近的，那麼天堂的門就不會開啟，因為你創造了一個寫著「禁止進入」的大看板。如果你認為神是難以描述的，那一定會是你的經驗。你可以選擇擁有一位皺眉的神、一位微笑的神、一位大笑的神，或是一位玩耍的神。你可以去創造你的神，祂是具有強大的力量、可以使你覺醒、並能實現你的願望。如果你將神當作一個有趣、充滿力量和富有同情心的朋友，並與祂連結，你就會有這樣的神，而且祂就會立即滿足你的需求。

神的恩典就像一片遼闊的海洋，每個人都可以拿取任何他所想要的事物。一個人可以坐在海岸上撿拾貝殼，也可以到深海去捕魚，或者潛入海底帶回珍珠。神可以給予你的，正如海洋般浩瀚，但你千萬別只帶支湯匙前來！

合一祝福——啟動轉化的神聖能量

合一祝福是源自於巴觀深切的慈悲與意圖。合一祝福啟動大腦神經生理的轉化。人類大腦中有十六個區域掌管著決定性的經驗，包括感官知覺，嫉妒、憎恨、恐懼、慈悲、愛和喜悅的感覺，以及分離、連結、創造力、學習等。**合一祝福可以激發大腦掌管正面情緒的區域，並能抑制大腦掌管負面情緒的區域，從而轉化你對生命的感知和經驗。**

合一祝福帶來意識的成長，並改變一個人的情緒與感知。當一個人的感知改變時，他就不會再把問題視為問題了，如此一來，就改變了他面對挑戰與機會的方式。現實也會因此改變，因為外在世界反映了內在世界。更高的感知與正面的情緒將創造出更成功與令人滿足的生活。意識的轉化，展現為生命各個領域的改變，包括財富、關係、健康與靈性成長。

譬如，你建立一個目標是要療癒伴侶關係，並發現更多的愛與連結。合一祝福就會消除你過去的傷痛；當你的傷痛被清除後，你就會發現愛與連結。合一祝福使你對別人更敏感、更有連結，帶你遠離了你在關係裡的評判與制約的限制。

譬如，你的目標是變得更富有，合一祝福就可以幫助你克服阻礙豐盛的信念，消除顯現為負面情況的無意識情緒。成功與豐盛起源於意識，合一祝福能幫助你擴展思維，瞭解所處的宇宙和影響你的法則。

譬如，你的目標是在健康方面，無論你是生病了或想要減輕體重。合一祝福透過意識的轉化會療癒你的疾病；並給你所需的意志力量，以持續的努力去減輕體重，或幫助你清除造成你屈服於飲食誘惑的情緒。合一祝福也有助於療癒身體，清除重複的情緒模式，帶給自己更深的自在與舒適。

譬如，你的目標是靈性成長，合一祝福會激發掌管喜悅的右側額葉。一旦大腦這個區域被激發後，你就會對自己覺得更自在舒適，成為一個快樂的人。合一祝福最終將使一個人覺醒。在這覺醒的狀態中，頭腦的干擾消失了，感官變得更敏銳。你開始對所見的一切與周圍的萬事萬物感到連結，分離存在感的幻象消融了。你心開始綻放，你經驗到了無條件的愛的狀態。

巴觀說：「人們可以運用合一祝福來解決自己的各種問題。合一祝福可以運用在世俗層面上，解決財務問題，提升你的業績；也可以運用在靈性層面上，提升你的意識層次，使你覺醒。合一祝福可以用在任何的目的上。」

合一祝福取決於接受者最需要什麼，並在每個人內在以不同的方式展開。隨著長期接受合一祝福，一個人就會經驗到更大的效果。

在世界各地舉辦的「合一覺醒課程」中，任何接受了點化與訓練的人都可以傳遞合一祝福。合一祝福的給予者，他們的功能就像是一個中空的管道，將能量傳遞給接受者。

與巴觀同在的夜晚

與神連結，對我們有什麼幫助？

如果你有一個強而有力的朋友，生命就會變得更輕鬆容易。有任何人可以成為比神更好的朋友嗎？如果你希望神真的成為你的朋友，你必須持續與你的神對話，而且是用你與朋友交談的方式來與神對話。與神對話沒有其他特殊的方式，你只要用與父母或朋友對話的方式就好了。但是，在對話中必須帶有情感。當你與神持續對話時，與神的連結就建立了，你就會與神有深刻的連結。在這之後，你與神就會成為好朋友，你就可以請求任何你想要的。

一旦你擁有了神，你的生活就被神照顧了。如果你有財務問題，可以請求神。「我有這個問題，我需要幫助。」「我的健康不良，我需要這個。」然後你就會得到，或者神會告訴你沒有達成的原因。神也會讓你看見你的無意識程式，讓你看見你在什麼地方卡住了。

神的恩典可以用不同的方式來臨。譬如，你有頭痛的毛病，有時候神會給你錢讓你去看醫生。如果你必須進行手術治療，神會在你接受手術時給予你恩典。神也可以不做任何治療，就治好你的疾病。

運用神，使你在各方面都獲得成功。你的考試、人際關係、面試、申請簽證……你在所有的事情中都應該運用神。就像你為自己的利益運用太陽能那樣的運用神。你必須盡可能經常的與神一同行走和對話。當你這麼做時，奇蹟就會發生。

如何請求神實現我們的願望？

願望必須來自於心，而不是頭腦。神會將恩典給予發自內心想要什麼的人。但如果你是因為比較、羨慕、貪婪而想要什麼的話，恩典就不會來臨。因此，你必須問問自己是真心想要某個事物，還是你的頭腦想要。

譬如，你想要十萬元，在向神請求時，你必須祈禱：「某某（你的神的名字）銀行家，謝謝你給了我十萬元。」並且要說：「謝謝你，謝謝你。」你不應該說：「給我十萬元。」你必須說：「謝謝你給了我十萬元。」你必須看到金錢的清晰畫面，它必須是立體的、彩色的，而不是黑白的。當你獲得這筆錢後，你會有什麼情感，你必須產生那種情感。

假設你有健康的問題，你必須說：「某某（你的神的名字）醫師，謝謝你給了我健康。」假設你要面臨一件法律訴訟。你必須說：「某某（你的神的名字）法官，謝謝你以對我有利的方式判決。」以此類推，你必須依據各種問題來向神祈禱。

只要交託給神，不用做其他事，結果就會發生嗎？

你要有意圖和努力，而恩典來自於神。缺乏了意圖和努力，你就無法達成。你必須對你的意圖非常清楚。意圖可以是健康、財富、關係或覺醒，它可以是任何的東西。你必須專注在意圖上，向神祈禱。如果意圖和祈禱能適當的配合，結果肯定會發生。

你必須與神互動，學習像是與一個人對話般的與神對話。你不能將一切都交給神，然後說：「神會照顧這一切。」不，**你與神必須有互動，與神共同創造出任何你想要的事物**。當然，神知道得更清楚。但你必須與神互動，才會得到你想要的。你與神是同一個現實的兩端。如果你漠不關心，神也會漠不關心。

舉例來說，曾有個人來找我，告訴我：「我想要一塊地。」我告訴他：「去得到它，神會幫助你。」他說：「不，不！我不會離開家。有人去買了地之後，再把土地所有權狀帶到我家給我。」我告訴他：「這是不可能的。」你有你的角色，而神有祂的角色。

當我們談到無助，並不意味著什麼都不做。無助只意味著你無法做某些事情。神會幫助你，但你必須做一些基本的事情。像那個人必須去看很多塊地，去籌集資金，然後神就會在每件事情上幫助他。當然也有一些特殊的情況。我們知道在印度有些人，當他們想要一些錢時，他們確實告訴神：「我們想要一些錢。」信不信由你，他手上就出現錢了。不是偶爾有錢出現，而是每天發生。但這些人是因為與神有非常好的連結，所以才有這種結果。如果一個人不具備這樣的連結，他就必須有意圖和努力。

對神的觀點，如何影響神回應我們的方式？

在印度，人們有時甚至將神稱為自己的僕人，這是非常令人驚訝的。在印度，我們用「Yathokthakari」，這個詞的意思是「神是聽從吩咐的」。不是神命令你，而是你命令神。你說：「來吧，現在給我錢，為我做這個。」在印度，有人會說：「來吧，洗碗。」碗盤就洗乾淨了。因為神是你的朋友，你可以要求祂做任何事情，就像你可以要求你的兒子去洗碗。**如果你將神縮小到一個你可以連結的點，那麼你與神的關係就開始了。**但你卻朝向天說：「哦，神啊，祢是如此偉大，祢的光芒是如此耀眼，我恐懼祢、敬畏祢。」於是你的神就將發生如你描述的情況。你對神說：「哦，我的神啊！我害怕祢的懲罰，也許祢要將我扔進某個地獄烈火中。」當然你就會下地獄。我們說過：「你創造自己的神。」神會以你覺得祂的樣子、感覺祂的方式、看待祂的方式，來回應你。這就是為什麼在印度我們用「haktha Paradheena」，這個詞的意思是「神實際上屈從於人」。正如我們先前所說的，神是聽從吩咐的。

在印度有個著名故事，主人翁叫做那德瓦，他可以輕易的與神對話。這故事發生在幾個世紀之前。那德瓦住在德里的某個地方。一名從蘇丹來的穆斯林統治者在那德瓦面前宰了一頭牛，而牛對印度教教徒來說是非常神聖的。穆斯林統治者宰了牛，對那德瓦說：「如果你能使這頭牛復活，我就放過你的頭，否則三天之後，我要砍下你的腦袋。」於是那德瓦開始向他的神——他的神是毗濕奴——祈禱，他說：「毗濕奴！拜託三天後來到這裡，使這頭牛復活，否則我的腦袋就要搬家了。」三天之後，毗濕奴降臨，使那頭牛復活了。穆斯林統治者很滿意，就赦免了他。在統治者離開之後，那德瓦質問毗濕奴：「祢為什麼要花三天的時間？我很痛苦、害怕！」毗濕奴告訴他：「是你告訴我三天後使牛復活，所以我就這麼做。」

因此，完全取決於你與神對話，與祂討論的方式。事實上，毗濕奴可以瞬間使牛復活，但由於那德瓦的恐懼，所以花了三天的時間。如果他告訴毗濕奴「立刻使牛復活」，那麼當時就會發生了。這一切都取決於你如何想像神。

如果神是造物者，為什麼我們可以創造自己的神？

神是沒有形式、特質、名稱的，祂的名稱、形式和特質都是你賦予的。你可以與神建立任何你想要的關係。神本身是未顯化的，但祂可以顯化為光、磁能或任何的形式。你可以使祂顯化為光、黃金球或某種形式，你可以使祂顯化為男性或女性、動物或植物，或任何你想要的形式。這都由你決定。神和人是同一光譜的兩端。如果你創造一個批判性的神，神就會這樣批判你。

在合一，沒有一位稱為造物者的神。創造者和創造物是一體的。有宇宙意識，但它並不是造物者。宇宙意識沒有特質、形式，也沒有名稱，但它體現了所有的特質。就像一棵樹的特質都被嵌在種子中，所有宇宙創造物的特質也都被嵌在這個宇宙意識中。你不能與它的整體連結，但你可以從這個宇宙意識中汲取特定的特質。你所汲取出的就是你個人的神。**你的神在本質上反映了你。**你不能是個可憐的人，卻創造出一位偉大的神。這是不可能的。如果你是無用的，你的神也會是無用的；如果你是吝嗇的，你的神也不會給你很多的幫助；如果你是粗魯的，你的神也會是粗魯的。這取決於你。如果你粗心，容易犯錯，你的神也會犯錯。所以，如果你想要有一位美好的神可以幫助你，那麼你就必須改變自己。你得到的神，取決於你值得什麼，以及你接受的能力。如果你能改變對親近的人的行為，變得更有回應、沒有評判，你的神就會開始回應你。

這就是為什麼我們說：當你成長時，你的神也會成長。當你成長了，你就可以從這個宇宙意識中汲取出許多的特質。你所汲取出的特質，成為你個人的神。你可以為自己的利益運用你個人的神，無論是世俗的利益或是靈性的利益。當你持續這麼做時，你就會成長；當你成長時，你的神就會成長。你和你的神之間的連結就會持續增強。

你和神是一體的，由你自己決定你想創造哪種神。如果你創造給予財富的神，你就會得到財富；如果你創造給予健康的神，你就會得到健康；如果你創造給予成功的神，你就會得到成功。讓我們看看成吉思汗的例子。他創造了一位名為騰格里的軍神。騰格里神給了成吉思汗軍事計畫、軍事裝備，在戰爭中幫助他。他在騰格里神的幫助下，與中國交戰。成吉思汗的軍隊規模很小，而中國的軍隊非常龐大，但騰格里神對中國軍隊施放冰雹風暴，讓他們滑倒了，於是成吉思汗戰勝了中國軍隊，征服了中國。這是他所創造的神。

如果你想要的話，你也可以創造騰格里神，這由你決定。我們談的神不是猶太教的神，不是基督教的神，不是伊斯蘭教的神，不是瑣羅亞斯德教的神，不是錫克教的神，我們談的是你所創造的神。當然，你也可以創造猶太教的神、基督教的神或伊斯蘭教的神，這都由你決定。

為什麼要不斷加深與神的連結？

譬如你去到機場，發現有某人在那裡，上飛機後，他的位置又剛好在你的旁邊。你本來不知道他是誰，突然你認出他就是國家的總理。但只有這樣還不夠，你必須和他交談，更瞭解他、理解他，與他連結。這時候，我們才會說：你開始認識他；否則的話，僅知道他是國家的總理，對你是不會有任何幫助的。

同樣的，你必須和神建立關係，與神連結，向神表達你的願望、談論你的問題。只有與神建立了關係，你才會知道你的神究竟是誰。這就是為什麼我們說只知道神是不夠的，你還必須與神連結。而且這必須是一輩子的關係。你們要開始互動，最初是偶爾互動，接著是每天都有互動。最後，你必須來到一個點——你的神會處理你所有的問題和所有的願望。一旦這種情況發生了，你就開始與神建立起強烈的連結和關係。那麼我們就可以說你開始知道你的神。即使如此，我們還不能說你完全認識你的神。

你的神是無所不能、無所不在、無所不知的。但只有透過不斷的與神連結，你才會發現祂的力量。就像你不斷的與總理連結，才會知道總理多有力量，可以做什麼。以同樣的方式，你就會認識你的神越來越深。

為什麼祈禱有時很快就得到回應，有時卻很慢？

你的願望被應允的速度取決於你與父母的關係，無論他們在世與否。再來是你與伴侶的關係。如果你的人際關係良好，那麼很容易就能接收恩典。這就是為什麼我們一再強調要改善你的人際關係。再來是業力，譬如一個人可能是因為業力才導致生病，那麼考量這情況的危險性，祈禱可能就不會立即得到回應。

有時神會幫助你。你可能在公車站請求神：「請讓那輛公車停下來。」神也許不會幫你把公車停下來，你就會覺得神沒有幫助你。之後你發現那輛公車後來出了意外。其實你是被拯救了。神會做決定，看到底什麼對你是最好的。這就是神運作的方式。

對你來說，看起來神好像沒有回應。神必須考量你的業力，看看如果祂這麼做的話，會發生什麼事情。因為你的善業有限，如果神在某處幫助你，你就會在其他地方遇到困難。因此，神必須調整所有事情，讓你建立一些善業，然後實現它。但很多時候你會失去耐心。你必須知道的是，無論神做什麼都是為了你好。

如果祈禱沒得到回應，該怎麼辦？

認出你在哪裡卡住了。首先，培養一個習慣，你可以製作一本筆記本，叫做「我個人的經驗簿」，在這本筆記本上寫下你所有的洞見、奇蹟與神祕經驗。筆記本裡有兩欄，第一欄是祈禱的請求內容或是你的需求，另一欄則是記錄祈禱有沒有得到回應。如果有得到回應，記下何時得到回應。如果沒得到回應，就保留空白，然後去處理你的無意識程式。你必須處理所有七個階段的程式。整個人類的生活都是被程式所控制的，程式有七個不同的階段：一、前世；二、祖先業力；三、受孕時；四、在母親子宮內時發生了什麼；五、分娩出生時；六、從出生到生命的前六年；七、後期生命階段經歷的事件、決定和經驗。為了讓你有更清楚的瞭解，讓我以一個例子來解釋。

假設你馬上需要一億盧比的資金，你已經向神祈禱，請神在某一天給你這筆錢。但在那天時，你的祈禱並沒有得到回應。你會怎麼做？很簡單，首先因為這是一個財務問題，所以你要檢查你與父親的關係，並在筆記本上訂出一個改善關係的日期，接著處理與父親的關係。如果到了預定的日期，仍沒有任何變化，那麼你就必須另外再訂一個日期，並請求神使你能接納你的父親。如果仍然沒有任何變化，你就必須祈求祖先的解脫，並訂下日期。如果仍然沒有變化，那你就要沉思當你在母親子宮內時，可能發生了什麼。如果當你在母親子宮內時，父親或母親經歷了財務的掙扎，它就會成為你的生命經驗，記錄在你的無意識頭腦裡。因此，訂下日期並尋求改變。如果這沒有效，你必須瞭解你沒有正確的祈禱，你必須更清楚的祈禱。

與神連結，有助於我們更有創意嗎？

你越親近神，就會經驗到越來越多的自由。自由就意味著不再困在過去。神越能進入你的生活，你的意識就會越轉化，於是就會經驗到越多的自由。當我們談到自由，我們指的是不再困在過去。一旦你不再困在過去，你就會變得非常有創意。就是過去阻礙了你的創意。過去可以存在，但它不該利用你，而是你去運用過去。因此，一旦你得到自由，無論是音樂、藝術、建築、科學、科技或其他創作領域，你都會變得非常有創意。

如何得到內在神的指引？

神對不同的人而言，有不同的意義。實際上，我們可以將神定義為更高的神聖自我、更高的智慧或更高的意識。

有時，你會看到數百隻鳥就像一隻鳥般的一起飛翔。你看過這種景象嗎？你知道整群鳥其實只有一個意識，而且每隻鳥都跟隨著整個鳥群的意識。有時，你會發現一、兩隻鳥脫隊了，接著牠們又會再度飛回到鳥群中。如果我們說個別的鳥是你，那所有鳥組成的整個鳥群就是內在神，你也可以稱之為「神」或「更高的智慧」。

當我們說你的內在神覺醒了，意思是身為部分的你與整體接觸了。在鳥群中，如果有一隻鳥脫隊，就會有兩、三隻鳥飛過去，幫助那隻鳥再度歸隊。唯有如此，整體才能運作。小鳥跟隨著鳥群，你可以說小鳥跟隨著鳥群的意志。

所以如果你擁有內在神，並且可以與祂對話，那麼「你」這個部分就跟隨了整體的意志或神的意志。願意跟隨神的意志還不夠，你還必須知道神的意志是什麼、更高意識的意志是什麼。如果不瞭解它，你就像一隻脫隊的鳥。擁有內在神意味著你與整體接觸了。**人類意識的整體總和大於個人的意識。**這不是一加一等於二，而是一加一等於四。這就是所謂的「協同出現」（Synergetic emergence）。氫加氧形成了水，但水的特性卻跟氫或氧都截然不同。這新的意識就稱為「神」或「宇宙意識」，這個宇宙意識就是所謂的內在神。

內在神是你內在的指引，也是你至高無上的朋友，祂可以引導你與保護你。每一天你都處在衝突中，在對、錯、好、不好之間，你無法做出決定。即使做了決定，許多時候你又對自己的決定感到後悔。而當你的內在神覺醒時，就會清楚的知道如何回應生活中的每個情況。在你的每一步中，祂都會指引你。你可以信任祂。祂完全接納你如是的樣子。當你擁有內在神時，要覺醒就很容易了。

基本上，在我們的社會裡、學校教育或訓練中、以及生活方式中，都不允許你去經驗和表達自己的情緒，你是相當被壓抑的。這就是為什麼有些人很難與他們的內在神接觸。一旦你與自己被壓抑的情緒接觸，並發自內心的邀請你的內在神時，內在神就會以祂選擇的方式、或你希望的形式在你的內在覺醒。

擁有內在神是人類的自然狀態，是你與生俱來的權利，就像是呼吸或消化。在遠古時代，每個人都與他們的內在神有連結。在一百年前，非洲許多部落的人與自己的內在神有直接的融洽關係，他們過著美妙的生活。你所必須做的是發自你的內心，帶著情感、深刻的感覺、連結感和喜愛，來邀請內在神，然後祂就會在你的內在覺醒。這一點都不困難，你卻認為很困難，有各種錯誤的認知。內在神不在乎你是怎麼樣的人，因為祂是你的朋友，不會評判你，也不會譴責你。祂所希望的是，你帶著情感與連結感來邀請祂。

內在神如何在我們的生活裡運作？

與你最親近的神是內在神。神或更高意識顯現在每個人的內在，神的這個面向在你內在覺醒時，就稱為內在神。

你的內在神是你的內在神，而別人的內在神是他們的內在神。就像你的衣服是為你訂做的，你的內在神也是為你訂做的。我們每個人都有內在神。當我們說你有內在神時，這意味著你的內在神連結到所有其他人的內在神。內在神就像是一台連線到所有其他電腦的電腦，**所有的內在神都是相互連結、互相溝通的。**另一個人可能不知道你，但你的內在神會與他的內在神交談，內在神就會確實表達出你希望事情發生的方式，而連結的那個人就會說：「我必須幫助他，我必須對他這麼做。」他甚至不知道自己為什麼這麼做。

假設你去機場遲到了，你的內在神就會與飛機駕駛或某人取得聯繫，不知何故，該航班就誤點了。譬如，你站在馬路中間，希望某輛車停下來載你一程。於是你請求：「希望這輛車停下來載我。」你的內在神就會連結到駕駛的內在神。如果你強烈的向內在神請求或祈禱，你的內在神就會啟動駕駛的內在神，然後他就會在經過你時有種必須停車的感覺。這輛車就會停下來，你就可以上車。與此類似的，你走進一家銀行想貸款。你請求你的內在神：「我想要這家銀行核貸了我的貸款。」你的內在神就會跟銀行行員的內在神交談。不知怎麼的，他就會覺得「我必須核貸給你」。這就是內在神運作的方式。

內在神會幫助你迅速的覺醒；內在神也參與了合一祝福的過程。當你成長時，內在神顯現給你的方式也會成長，祂可以用佛陀、耶穌等任何的形式顯現。要耶穌或佛陀回應你的祈禱，你要和祂們有所關聯，有情感的連結，並清楚表達你的要求。除非你的祈禱會傷害別人，大多數的祈禱都會得到回應。

如何運用合一祝福解決問題？

在給予合一祝福時，請對方放鬆，而你自己也要放鬆。接受和給予合一祝福的人都要進入相同的姿勢，將你的呼吸與接受者的呼吸同步。然後詢問他的問題是什麼，以及想要什麼解決的方法。你必須等待，直到你可以感覺到他的問題。當你這麼做時，你就會開始感覺到對方，與他的痛苦有幾分合一。感覺是你與神，以及神與他之間的連繫。你可以呼請神，向神祈禱，請求神，與神交談，做任何你想做的事情。你可以對神說：「請幫助這個人。」

在祈禱之後，你必須看見解決的方法。你不能將焦點放在問題之上，而是專注於解決方法。保持解決方法的影像，譬如「這個人擁有充足的金錢」。接著你將雙手放在他的身上，重複祈禱，譬如「請將這個給予他」，然後說「謝謝」。

在給予合一祝福時，你必須清楚意識到你只是個傳播者、是個工具，是神與接受者之間的管道。神想要給予幫助，但祂需要中間人，神選擇你來幫助他。當我們持續這樣幫助別人，善業就會不斷的增加。因此，當你幫助別人時，也能夠幫助自己。

你與神之間有越多的溝通，就會有越多的信任。任何事情都可能發生，你就能實現被稱為「奇蹟」的結果。

合一祝福如何有助於生活的各個方面？

合一祝福是非常獨特和寶貴的工具，你可以應用你的智慧，在任何你想要的方面運用合一祝福。合一祝福可以給予動物、植物，甚至也可以給予機械和房子。合一祝福可以被運用在任何你希望取得良好結果的地方。當你給予學校合一祝福，學校一定會進步，孩子和老師的意識一定會成長。如果你給予企業合一祝福，企業就會生意興隆。它可以運用在任何地方。

每當你給予合一祝福時，無論是給予個人、團體或組織，你就使他們與神建立了連結。因為合一祝福實際上是來自於神，你幫助了神與人類接觸，與個人或集體接觸。隨著每一個給予個人、團體或國家的合一祝福，你就幫助了人類平均意識層次的提升。每一個合一祝福就像是海洋中的一滴水。更多的合一祝福給予者能給予更多的合一祝福，神與人將非常的親近。

如果接受了合一祝福，問題依然沒解決，怎麼辦？

如果合一祝福無助於解決問題，那麼你就必須找出問題所在。問題可能來自於你的前世，你在母親子宮內或分娩出生過程的經驗。問題必然在某處，必須找出來。如果你有財務問題，而合一祝福沒有幫助，那麼很有可能你在母親子宮內時，父母兩人或其中之一曾有財務上的擔憂。在這種情況下，只有合一祝福是無助於解決你的財務問題的。你必須給予合一祝福來改變你在母親子宮內時的思想，然後你就會發現問題自然的化解了。

與此類似的，如果在分娩出生時有不必要的障礙，你可能會有財務問題。在這種情況下，你必須運用合一祝福來解決通過產道的旅程。因此，你必須列出所有可能造成財務問題的原因，然後一個一個的給予合一祝福，解決這些問題。一旦所有問題都給予合一祝福了，你就會發現財務問題自然的化解了。

同樣的原理也適用於所有問題，問題不是源自於前世、受孕的那一刻，就是在母親子宮內的時期，離開子宮的過程和最後的分娩出生。因此，生活中大多數的事件都可以追溯到當時發生的事情，我們可以透過合一祝福的幫助來化解。當你持續接受合一祝福時，負面程式自然就會消失。一旦負面程式消失了，那負面程式所造成的問題也會跟著消失，外在世界的事情就會發生變化，現實生活中就會有很好的效果發生。

第五章

過著成功喜悅的生活

當你覺醒時，你將看見這世界是多麼美麗、多麼完美，你開始將生活當作一場遊戲般的嬉戲。如果一個人是快樂的，一切對他而言都是喜悅的。這就是生命的本質。

在人類的生活中，最重要的兩件事是成功與喜悅。深入看見自己的內心，就會發現我們所有的努力，無論是追求名聲、智慧、美麗與財富，最終都是在追求成功與喜悅。我們每個人都夢想可以擁有成功、喜悅的未來。**成長真正的指標是，一個人在內在是喜悅的，而在物質生活中則是成功的。**巴觀說：「一個成功的人，如果不快樂，是會危害社會的；然而，一個失敗的人，即使很友善、樂於助人，對社會也沒有助益。」

今日大多數的問題，無論是個人、家庭或世界的問題，都是由於人基本上是不快樂的。各種形式的不快樂是一切痛苦的根源。當人快樂時，他所創造的社會自然蘊含著合作與分享的氣氛。另一方面，出自於不快樂，他就會創造出有害於社區與世界福祉的環境。

一旦快樂進入你的心中，就會改善你所有的關係。你越快樂，就會越成功。當一個人是喜悅的，他對社會和企業是很有價值的，因為他會創造出財富。一個喜悅的人就是一個靈性的人，他也是一個好人。當你擁有快樂的頭腦架構時，自然會有憐憫、愛心、樂於助人、感激與成功。

享受邁向成功的旅程

曾有一位野心很大的國王，他的朋友前來拜訪他。

朋友向國王問道：「陛下，假如您征服了羅馬，接下來您想要做什麼？」

國王答道：「西西里島是下一個目標，很輕易就可以到手。」

「那西西里島到手之後，接下來您要做什麼？」

「之後我們轉到非洲，要征服非洲。」

「征服非洲之後呢？」

「再來就輪到希臘了。」

「您這一切的征服行動可以獲得什麼戰利品？」

「之後……」國王說：「我就可以坐下來享受生活。」

朋友回應道：「那您為什麼不現在就享受生活呢？」

你能享受邁向成功的旅程，而不僅是把成功當作追求的終點嗎？

許多人無法享受他所取得的成功。你可以擁有一輛名貴的跑車，但你能體驗駕駛這輛跑車奔馳時的感覺嗎？你可以賺取數百萬元，但問題是你也是個快樂的富翁嗎？

為什麼人們不會享受成功？因為**人們往往將喜悅與快樂延遲到旅程的終點。但當他們達成目標時，他們的意識已經忘了快樂是什麼、愛是什麼**。他們說：「讓我購買土地，建一棟房子，然後我就可以享受和放鬆。」「讓我達成目標，之後我就不需要再去努力什麼了，我就可以放鬆。」「讓我退休，一旦我退休了，我就會非常快樂、享受生命。」如果在你退休之後可以享受生命，但又有誰阻止你不能現在就享受生命呢？

或者你說：「先讓我達成今年的目標，然後我就可以放鬆和快樂。」因此整個旅程中，你都是嚴肅的，你與家人沒有足夠的相處，你不笑，不享受。你認為當一年後你完成目標時，你就會突然開懷大笑嗎？你突然就會擁抱你的女兒，陪伴她嗎？不，屆時你的人格已經改變了，也許你的意識已經變得無法享受更高的經驗。

你為什麼要延遲喜悅？你將面臨什麼？一個已經如此習慣痛苦的意識，可以在達成最初追尋的目標時，突然學會喜悅嗎？它一直都在學習痛苦啊！在你六十歲時，你的意識會突然學會喜悅嗎？不，會延續的是那些你一直在學習的同樣課題，你的意識會變得遲鈍。因此，不要延遲去享受生活！

巴觀說：「**喜悅不該延遲到旅程的終點，而必須發生在旅程中。**」一旦你邁向目標的每一步都是喜悅的，你就能享受生命。

體驗生命的奧祕

生命的意義就是去體驗，但人類已經喪失了體驗生命的藝術。人體在宇宙中是最複雜美妙的，人類複雜的神經系統正是為了經驗生命的多采多姿而設計的。過去幾千年來，人類竭盡心力的累積靈性知識，想要揭開生命的奧祕。當生命用無常和挑戰帶給人類衝擊時，他們試圖透過瞭解生命的錯綜複雜，成為成功的戰士。然而，人類在與生命的搏鬥中，卻忘了如何生活。只有當我們去經驗生活時，生命才是活生生的。我們在持續不懈的避免痛苦和追求永恆的歡樂中，對生命已經變得麻木了。我們一直在白日夢中，錯過了生命的真實。

巴觀在一次達顯中，遇到一個小男孩問他：「巴觀，我努力去瞭解生命，還是無法瞭解生命是什麼？」巴觀和藹可親的微笑著，說道：「一個活生生的人不會問這個問題。生命不是一個要被解決的問題，而是個要去經驗的奧祕。」

一個人要享受冰淇淋，不需要詳細的知道冰淇淋的製作方法，或製造商的歷史。一個人不需要瞭解生命才能享受生命。雖然靈性知識能夠幫助人們去理解生命事件背後的原因，並且在一定程度上減輕我們的痛苦，但並不能使我們全然的解脫。這就像是撐竿跳的運動員，雖然竿子將他帶到了頂端，但除非他放掉竿子，否則他是無法跳過去的。**到某個點之後，知識本身就會成為經驗生命的一個**

障礙。

假設你回到家時，你的妻子對你尖叫、大喊。如果你知道如何去經驗這個，這可以是世界上最美麗的情景。如果你全然的經驗它，就會變成喜悅。你妻子的喊叫聲與杜鵑鳥悅耳的啼唱沒有什麼不同。任何事物被全然經驗之後，都會留下喜悅與平靜。

「生命是什麼？」「生命的目的是什麼？」「神創造宇宙只為了使人類受苦嗎？」諸如此類的問題，都是生命的根本問題，都是沒有解答的。當你瞭解了這一點，這些問題就會如枯葉般飄落。

有個墨西哥歌手到合一大學許多次了。當他初次造訪時，帶來了一個非常深刻的問題：「我生命的目的是什麼？」他帶著這個問題前來。每幾小時就會問指導老師：「我生命的目的是什麼？」指導老師說：「我不知道。」他持續問指導老師同樣的問題問了十天。雖然指導老師心裡對這個問題有解釋，但他知道自己的解釋並不是解答，因為這個問題沒有解答，而是必須讓問題本身消失。因為這個問題起源於不滿足、無意義感、匱乏感和缺乏目標。所以指導老師決定不提供解釋，因為這不會是真正的解答。

大約在第十天，所有的人都在夜晚靜心。這是一個七十人的團體。房間裡一片漆黑，只有一盞燭光。在半夜一、兩點左右，大家聽到一個男人在房間中放聲大笑，每個人都知道他是誰，由於他堅持不懈的問「我生命的目的是什麼？」，這問題讓他在團體裡很出名。這時，他放聲大笑的說：「指導老師，我所有想做的就是喝水和吃香蕉。」

多麼深刻的問題啊！「我生命的目的是什麼？」這是每一位哲學家竭盡所能想解釋的終極根本問題。而這名男子找到的是什麼樣的答案啊！他說：「我所有想做的就是喝水和吃香蕉。」

這就是生命。如果我們真的在喝水、吃香蕉，這個問題就不會存在，因為生命的目的就是生活本身。由於我們無法以這樣的方式經驗生活，所以我們試圖為自己的生命創造一個意義，並追尋那個意義。

如果你全然的做你所做的事情，當你日常經驗的品質改變了，喝水、聊天、開車、工作、舞蹈、使用電腦、看電影、吃披薩、運動，都將變得神聖。**當你可以全然的經驗這些事情時，經驗的品質就改變了。當它們轉化進入喜悅的體驗，這就是生命，這就是靈性。**

從內在潛伏的恐懼解脫

雖然我們今日擁有許多舒適的設施，但我們並沒有因此覺得自在。我們被各種的情緒折磨著，憤怒、憎恨、嫉妒、恐懼、比較等情緒使我們無法平靜的生活。我們對沒實現的願望感到沮喪，而頭腦又阻礙我們去享受所擁有的一切。

我們每個人都經驗過快樂和痛苦的時刻。痛苦對每個人而言，都不是愉快的經驗，那快樂呢？讓我們觀察一下你生命中最快樂的時刻。是當你的兒子擁抱你，在你耳邊輕聲說著：「媽媽，我永遠不會離開你，我會照顧你一輩子。」那一刻？或是當你被選為公司中最頂尖的員工，在數百人面前接受表揚的時刻？

只要一點點的覺知，我們就可以看見在這些「快樂」的時刻，恐懼一直如影隨形。在兒子充滿愛的擁抱中，我們的頭腦卻開始擔憂：「這個愛會一直持續下去嗎？這是真的嗎？如果它改變的話呢？」在你接受公司表揚的那一天之後，如果你發現某個同事很有效率，你心裡就會馬上浮現恐懼，擔心有天會被他超越，取代那得來不易的頂尖地位。由於你的恐懼，其他的情緒就會隨之來臨——嫉妒、憎恨、沮喪、對愛的匱乏等。下次當你看到那名同事時，因為你的恐懼，就會不斷的拿自己和他做比較，造成對他的嫉妒，嫉妒又會逐漸轉成憎恨。

頭腦是所有負面情緒的儲藏庫，只有當一個人從頭腦解脫時，才可以從這些負面情緒解脫。**人類頭腦是一種生存機制，以恐懼為中心發揮作用。幾乎每個頭腦的活動都可以解釋為對生存的恐懼，恐懼是所有情緒的根源。**當你深入覺察憎恨的根源，會發現憎恨是害怕被支配或傷害，從而表現為對人的反感。另一方面，嫉妒是害怕被逐出族群。當你有不安全感，受到人或情況所威脅時，就會變得暴力。而罪惡感是害怕失去你的良好形象。當你瞭解你在別人眼中不過是無足輕重時，就會感到受傷或痛苦，因為你害怕失去愛或被拒絕。

你必須學會向內看。當你逐漸覺知到恐懼，就會看到它只是一個投射，在其中是沒有真實性的。頭腦投射出一個不存在的身分，並奮力去保護它。頭腦在進行不可能的任務，因為不可能有一個時刻能達到完全安全的狀態。

巴觀說：「恐懼是你存在的核心，在一定程度上，恐懼對於生存是有必要的，但是恐懼也可能會阻礙你生活。你做了一輩子的事就是管理你的恐懼。因此，跳入恐懼中，經驗恐懼，唯有那時你才有超越恐懼的希望。只要你逃跑，恐懼就會存在。面對它，正視它，看看會發生什麼。因為你不面對，恐懼就會獵殺你、追逐你。只要面對看看，突然之間，恐懼就不存在了。」

當你變得有覺知，看見恐懼在活動，允許身體去經歷這些不舒服的感覺。在那時刻，相同的恐懼就會給予你喜悅和能量。一旦恐懼變得愉快和令人享受，就不再是問題了。恐懼無法被解決，只能被化解。當你試圖解決恐懼時，恐懼只是從一個形式轉變為另一個形式。當你覺知到恐懼只是頭腦的投射，恐懼就消失了。

巴觀身邊的小故事

吉梵希然學校珍視每個孩子獨特的生命，而不只是他們的學業成績。當恐懼與比較完全不存在時，孩子的智慧就會無限的綻放，因此這所學校創造了一則新聞：它是當地唯一一所在邦政府舉辦的考試中沒有任何一位學生不及格的學校。許多吉梵希然學校的畢業生今日過著非常成功、同時也令人滿足的生活，因為他們在這裡接受了全面性的教育。

學校鼓勵孩子們參與「共同思考」的課程，提出他們對經營這所學校的想法與建議，同時也解決可能出現的問題。

有一次，一個學生的問題被提了出來，他有一個星期多的時間都拒絕和同學往來，不理會他們。最後，他承認他的父母對他的考試成績感到很失望。於是巴觀問孩子們該怎麼做。既然學校許多孩子都不喜歡被評定，巴觀要他們想出一個解決方法。由於孩子的主要問題是「比較」，孩子們說：

「取消評定和不及格，每個人都可以升到下個年級。」因此，不及格留級的制度被取消了，孩子們變得更快樂。

但孩子們還不是完全快樂，因為他們仍然被評量成績。於是孩子們想，為什麼不在考試前告訴他們所有的問題？最後決定，如果考卷上有二十個問題，就會先得到三十個問題來準備考試。這讓孩子和家長都很滿意。

每次考試前，孩子們還獲得了四天的休假來慶祝。這讓他們喜歡考試，因為考試創造了這麼多的假期。

巴觀教導孩子們「比較」是如何摧毀他們的，比較的必要性從他們的生活中消失了。如果比較變少了，就會有一個更健康、更快樂的社會。原本成績不好的學生綻放了，因為他們不再害怕不及格。

時時懷著感恩的心

生命是一個「流」，不同的人、生物與非生命體在其中相互交織，是上帝宏偉設計中的絲線。**一旦一個人看見自己與周圍的一切，都是共生與相互連結的，就會對每個人事物懷著巨大的感激**。當你認出你所得到的幫助，感恩就會浮現。每當有感激之情，你就會感到安全、平靜、舒適、喜悅與充沛的愛。這產生了心的其他感覺，譬如，對你伸出援手的人開始有愛的感覺。

一顆抱怨和比較的心無法經驗喜悅，因為他忘了感謝自己所接受到的其他一百件東西。崇高的特徵是感恩。遺憾的是人們並不懂得感恩。缺乏感恩，會阻礙了成長。感覺是心的性質，只有心可以感覺。不僅如此，感恩也會在那一刻喚醒心，將接受者與給予者連結在一起，開啟接受更多祝福的通道。

感恩具有將困難或挑戰轉化為祝福的力量。有不計其數的不可能突然變成可能的故事，唯一一點是你必須願意看到它們、承認它們。舉例來說，一個原以為得了不治之症的人被告知只剩下三個月的生命，但在十年之後，他依然健壯。一個被告知永遠無法懷孕的女人，不久之後卻懷孕了。每當你在生命中遇到困難、挑戰、障礙或任何的痛苦時，要用感激，感謝它們幫助你的智慧與內在力量成長。稱頌它們賦予你的生命更深一層的意義與豐富。任何情況都可以透過愛與感恩被療癒了——也許療癒不會以你期待的形式，或你希望的精確時間來臨，但它會在命中注定的時刻發生。只要對它敞開、擁抱它，你就會創造自己的奇蹟。

巴觀說：「人的本質是不感恩的。感恩的人是卓越的人。感恩是所有感覺之母，是人類意識內情感的至高表達。宇宙的建構方式自然會回應感恩的人的需求和渴望。只有感恩的人可以持有願景，並將它達成，因為他的大腦和神經系統是以不同的方式連接。他在關係裡發現愛，與更高的意識有更大的連結。」

感恩使我們的過去有意義，讓今天平靜，並為明天創造願景。感恩是一切美德的源頭。喜悅的人是懂得感恩的人。卓越的人是擁有感恩的人。充滿感恩的心是神的住所。

覺醒，使你經驗生活每一刻的喜悅

生命唯一的目的是經驗每一個當下。但頭腦不停的在過去和未來之間擺盪，否定了當下的經驗。當你吃東西時，你沒有經驗食物，因為頭腦想著你和朋友的爭執。當你和孩子相處時，頭腦又一直擔憂未來。頭腦對過去感到內疚、懊悔，又對未來感到焦慮、恐懼。實際上，頭腦的設計是用於處理外在世界的事務，譬如決定做哪項商業投資，或為你的孩子決定要上哪所學校。但不幸的是，頭腦干預了生命本身的經驗，剝奪了我們生活的喜悅。

巴觀說：「你們所有的人都在稱為『頭腦』的監獄裡，因為你無法經驗任何的事情。就像一個在監獄中的囚犯，無法經驗到外面的世界，呼吸不到外面的新鮮空氣，也看不見外面的陽光。你是頭腦的囚犯，這就是你的情況。」

當你走在路上，人們、樹木、車子是如此的美麗，但你什麼都無法經驗，因為頭腦不允許你去經驗。當你和妻子相處的那一刻，你就必須只與她連結，頭腦卻想著昨天做了什麼、明天要做什麼。你從未和你的妻子、孩子，或任何的人連結，因為頭腦一直在干預和扭曲正在發生的事情，你什麼都無法實際的經驗。

當你喝咖啡時，如果你不思考什麼，就會知道什麼是享受咖啡。在佛陀開悟之後，別人問他：「你現在的感覺是什麼？」佛陀說：「當我吃橘子時，我就是吃橘子。」因為他的頭腦關掉了。只有頭腦關掉、思想停止的人，才能說：「我在生活。」很久以前，當你是孩子時，你可以經驗生活。但現在的你喪失了。

巴觀說：「頭腦已有上千年的歷史，歷經了所有的人類。從最原始的人，到現代的人，頭腦一直都是如此。這就是為什麼我們將它稱為『頭腦』，而不是『你的頭腦』、『我的頭腦』、『他的頭腦』或『她的頭腦』。頭腦，作為古老的頭腦，是『一個頭腦』，在每個人內在都是相同的。如果你能得到這個洞見，它就會自動變得安靜。你可以將頭腦看作是某個獨立於你的東西。當你和頭腦之間有距離時，頭腦就會自然變得非常安靜。」

覺醒，就是感官從頭腦的束縛中解脫。對於尚未覺醒的人而言，頭腦介入了他的每一個經驗，不允許他去體驗生活。當一個人從頭腦的束縛中解脫時，就會開始真正經驗事物真實的樣子。沒有了頭腦的干擾，任何的經驗都會帶來喜悅。

無論是在惡劣的社會環境或美麗的花園，無論是得到褒揚或貶抑，無論是舒適或不舒適、痛苦或歡樂，每件事情都會帶來喜悅。在這樣的狀態中，無論你做什麼，你都會一直在無條件的愛和無限的喜悅中。

當你覺醒時，就會知道生活是什麼。這是你第一次走出頭腦，知道呼吸是什麼、飲食是什麼，你看著妻子、孩子、父母、房子、車子，知道是什麼。一切看起來都非常不同。你第一次知道生活是什麼，是因為頭腦消失了。你可能是在吃美食、看電影、與妻子連結，無論你參與什麼活動，都會全然的參與其中。這時你就開始生活了。這就是存在的目的，生命的目的。當你在生活時，一切都是美麗的。你可以很優雅的打網球，或做所有的活動。一切都是相同的：你的工作是相同的，生意是相同的，房子是相同的，妻子是相同的，孩子是相同的；但他們看起來都是與之前不同的，因為頭腦不再干擾了。隨後你的外在世界就會改變，很快的你就會注意到你的財務、健康和生意的問題也都消失了。因為這所有的問題都是頭腦中的傷痛和痛苦造成的。

一旦你開始生活，你就是個快樂的人。如果全世界的人都變快樂了，這就會成為一個快樂的世界。如果每個人成為快樂的人，這世界就會成為一個幸福的地方、一個更好的地方。這是地球上的天堂。

與巴觀同在的夜晚

生命的目的是什麼？

如果你真的在生活，就不會問這個問題。**因為你沒有在生活，所以你想要一個生命的目的**。你無法瞭解如何無目的的生活，只因為你沒有在生活。

你出生於世，是為了將你的整個生命如遊戲般的嬉戲。當印度人和巴基斯坦人在玩板球比賽時，就像是打一場戰爭。彷彿生命仰賴於這場球賽似的彼此競爭，但他們同時也知道這不過是一場遊戲。同樣的，你必須認真生活，生活必須認真的對待。你必須熱切的生活，但你應該知道這是一場遊戲。你不能輕浮，不能不負責任，不能馬虎。你必須認真，但同時知道這是一場遊戲。

你出生於世，基本上是要享受。你見過濕婆神之舞嗎？祂就只是跳舞，不是嗎？這是造化之舞。濕婆神就是慶祝生命。因此，**每個人都要找出慶祝生命的方式**。什麼來到你面前，就去接受它、享受它。你要創造出你想要的。

終極的瞭解或終極的覺醒是：你明白生命是沒有目的的，就只是生活。假設你正在看一場板球比賽，某個印度人得了很高的分數，擊中六，你會跳起來大叫。你跳起來大叫有什麼目的嗎？沒有！但這有個原因，就是出於喜悅。因為喜悅，你跳起來大叫。但你的叫喊聲是沒有目的的，它就是發生了。這個宇宙的存在是由於有太多的喜悅。宇宙的本質就是愛與喜悅，所以它存在，並沒有任何的目的。你因為喜悅而跳舞，你的舞蹈有任何目的嗎？你可以看見許多人沒有理由的舞蹈。

存在、整個造物，都只是喜悅的展現。一旦你全然覺醒，就會明白我們身在天堂之中。假如你如我所說的生活，只是呼吸就是喜悅，只是存在就是喜悅，只是走路就是喜悅，只是吃、喝、談話或是看著一個人就是喜悅。這就是生命的本質。

生命有哪些階段？

生命可分為四個階段：

在生命的第一階段，你要獲得知識，維持身體的健康強壯。在生命的這個階段，你必須將焦點放在教育、掌握技能，以及對未來的準備之上。

在第二階段，你必須獲得財富、結婚、生子，履行你對家庭的責任，享受世界和實現你的願望。

在第三階段，如果你真的在生活中滿足了，渴望就會停止。在這個階段，你可以與你的家人在一起，但你必須超然於家人。你必須服務世界，關心人們，不應該只有個人性的東西。

在生命的最後階段，你不應該執著於世界，這是你尋求解脫的階段。你不能只是停留在生命的第一階段，因為它很快的就會變得毫無意義。因此，你必須進入第二階段，擁抱它的快樂和痛苦。這也很快的就會失去意義，於是你移動到服務人們的第三階段。這最終也不會再帶給你滿足，這時你就會移動到解脫。當你覺醒時，你先前看到的同樣一座山或是同樣的滿天星斗，看起來都將非常不一樣。你可以享受世界，然後從這世界消失。這就是生命的遊戲。

但你卻非常嚴肅的對待生命。你必須從工作解脫，這並不意味著不工作，而是你不再將工作視為工作，而是一場遊戲。**你必須將一切都看作遊戲，知道一切都是過渡階段，一切很快都會結束，因為沒有什麼是永久的。**秩序會進入無序，無序又會進入秩序。柔弱的人可能變得強壯，強壯的人也可能變得柔弱。聰明的人可能變得愚笨，愚笨的人也可能變得聰明。愛可能變成恨，恨也可能變成愛。

這是宇宙的法則。你無法阻止這些事情，因此你必須接納它們。當你接納時，就會開始享受生命。你可以與它嬉戲，這是生命的冒險。每件事物最終都像是洋蔥——如果你一層層的剝開洋蔥，最後你會發現裡面空無一物。同樣的，如果你繼續剝著生命的經驗、意識、神或任何東西，最後你會感覺只有寂靜存在。**生命是個要去經驗的奧祕，而不是個要被解開或瞭解的謎題。**就是這麼簡單。一切都從寂靜中浮現，再回到寂靜中。你最終也會進入寂靜中，再從寂靜進入第一個階段。

如何經歷生命中的痛苦和挑戰？

在板球比賽中，如果投手知道你害怕右拐球，他就會一直對你投擲右拐球。生命也是如此，如果你不接受生命投給你的這顆球，它就會一直只投這種球給你，因為這是你的弱點。作為打擊者，你會面臨每一種球。你不能說：「我不會遇到哪類的球或投手。」如果你這麼說的話，對方的隊長就只會安排那位投手來投那種你不想遇到的球。生命知道你害怕什麼，所以只有這種球會來臨。因此，如果你學會打擊所有的球，你的問題就會得到解決。

學習打擊所有的球，就是**認出、接納和經驗發生的事件和事故**，不試圖逃離它們。你不應該以為生命會一直很好、很善良。生命會對你投來各種球。一個好的打擊者不會說「這顆球很難打」，更不會逃離球場。

如果你與嫉妒抗爭，那麼生命就會不斷給你種種會讓你覺得更嫉妒的情況。但如果你透過經驗嫉妒，學會打擊「嫉妒」這顆球，那麼對方的隊長就會宣布你贏了。他會承認失敗，因為你現在對他投來的每顆球都會擊出「六分打」。

什麼是「每個打擊都是六分打」，就是經驗生命中的一切，經驗的藝術就是擊球的藝術。如果你可以經驗每件事情，無論遇到什麼情況，你都會贏。如果你能做到這點，你就全然覺醒了。覺醒的人就是球球都是六分打的打擊者。

如何全然經驗生活的每一刻？

生命真的很單純。你出生、上學讀書、工作或經商賺錢、談戀愛、結婚、生小孩，試著獲得一些名譽或聲望，經歷人生的跌宕起伏，大啖許多美食，獲得各種樂趣；你幫助別人，也與其他人製造一些的問題。這一切都是生活的一部分。

合一是非常、非常單純的。合一都是關於小事情：當你吃飯的時候，你必須是完全的、全然的吃飯。也就是說，你必須覺知到你的飲食。當你擔心你的妻子或孩子，你必須強烈的覺知到那份擔心。當有嫉妒或憤怒時，你必須意識到它。無論發生了什麼，你都必須覺知到它。發生的是什麼並不重要，重要的是，你有覺知到它嗎？就是覺知到這些簡單的事情。覺知到你的呼吸，覺知到你的行走。當你看著你的妻子時，覺知到你妻子的臉。當你看著孩子的臉時，覺知到你孩子的臉。覺知到你所有的感覺，滿足自己，覺知到它。

帶著覺知做簡單、平常的事情，就是我們所說的投入生命。做這些簡單的小事情，就是我們所說的覺知。合一就是關於這一切。當你繼續做這些小事時，偉大的事情就會開始發生，但你不應該將焦點放在這上面。你應該將焦點放在這些簡單、實際的小事上，其餘都是自動發生——合一所談的其他事情都會自動發生。如果你這麼做，你就會到達那裡。但如果你沒有這麼做，你哪裡都到不了。這就是投入生命。

如何做出正確的行動？

合一不談正確的行動或錯誤的行動，也不談好的行動或壞的行動，它只談完美的行動。如果你進入內在，從那裡看見自己，看見發生的事情，你就會做出回應。這回應可能是純粹的暴力，你可能毆打一個人，你可能斥責一個人，或者你可能就是接受給予你的任何東西。

完全沒有可以預測你行為的方法。可預測的行為來自於頭腦，而我們談的不是這個。我們不是在鼓吹非暴力或這種行為或那種行為，我們所說的是完美的行為。這完美的行為不會在之後造成你的擔心或造成你的痛苦，這種行為一般也不會造成別人的痛苦。我們談的是，你必須進入自己的內在，回應必須來自於內在。

將如何回應是不可預測的。這就是為什麼我經常舉這個例子：當你看見蛇在吞食青蛙，有時你也許會拯救那條蛇，允許蛇吃了青蛙；也許改天你看見同樣的場景，會去拯救那隻青蛙，將青蛙從蛇的口中搶走，而失去食物的那條蛇可能會餓死。或者另一天你可能就是離開現場，甚至連想到不去想。同一個事件，你將如何回應是不可預測的。如果你持續接觸自己，或當你是一個覺醒者，你的回應將是不可預測的。但**無論你以什麼方式回應，這個回應對你而言都是完美的。你不會回到事件，持續想著它。**

我知道一些實例。譬如，有兩個在很高意識狀態的人，他們在公共場合把一些年輕人叫出來，在眾人面前打了他們耳光。當時台上正在舉行某個嚴肅的會談，講者發現一些年輕人在底下開懷大笑，他們要求年輕人到台上來，在一大群人面前打了年輕人響亮的耳光。這些年輕人被轉化了，他們沒有不高興，也沒有生氣。其他人也讚賞這摑掌的事件。年輕人非常高興有人叫他們到台上，給了他們一個痛擊。

這是從狀態而來的回應。沒有人可以用他們的判斷要求這些年輕人上台來，打他們耳光，因為這可能造成很大的問題。但講者在這種狀態中，覺得必須叫他們上來，並這麼做。然後事件發生了，大家都很讚賞。這是不可預測的行為，不是你仔細考慮後決定要這麼做。我們不告訴你必須說話，或必須保持安靜；並沒有規範，依情況而定。你只是進入內在，看見發生了什麼，並由此產生回應，我們稱之為回應或行動。把事情計畫好、站起來抗爭，或是控制自己，這些都是來自於頭腦。當頭腦在計畫時，它著眼於利弊得失——什麼對你是好的，什麼可能是不利於你的——諸如此類的事情。我們並沒有譴責它，只是稱它為反應或活動，僅此而已。

當頭腦做了一些事情時，它會回頭去想：「我做的事情是正確的還是錯誤的？」當以意識回應時，你不會回頭去想：「做這件事是正確的還是錯誤的？」在你這麼做之後，你會完全的平靜，對自己不再有任何問題，你可能只是靜靜的坐著或起來戰鬥。無論意識做了什麼，都是完美的。當意識在運作時，完全不會有問題。但當頭腦在運作時，頭腦是分裂性的，頭腦會製造問題。

去滿足自我的需求是不好的嗎？

無論你想要什麼樂趣，美食的樂趣或肉體關係的樂趣，這些都是自然的渴望，宇宙自然的將這些渴望放進你的內在。你所必須做的是全然的表現它、享受它，同時強烈的覺知到你所做的事情。如果你在享受冰淇淋，覺知到它；如果你要去吃晚餐，享受它；如果你要去跳舞，在覺知中享受它。你必須真正的享受生活。如果你喜歡美食，享受它；如果你喜歡開車，就去開車。這就是你必須生活的方式，強烈的覺知到正在發生的事情。

你有自我，你關心自己，你必須首先滿足自我。如果沒有滿足自我，就不會成長。滿足自我，然後轉化與覺醒就會自然發生。你一直試著從自我解脫，這是不可能的。所以，請以建設性的方式滿足自我，而不是用破壞性的方式。

自我也可以做許多建設性的事情。我曾遇過一位知名的社會工作者，他是很偉大的社會工作者。他告訴我，透過他的社會工作，他幫助了數以百萬計的人，這讓他的自我得到了滿足。透過他的自我，發生了極好的工作。自我也可能是極具破壞性，會造成極大傷害的。但我們不是在談這個，我們談的是建設性的表達自我。

滿足自我沒有什麼錯。你要這個，你要那個，這沒什麼錯。你想要一輛豪華的車，這沒什麼錯；你想要一間豪宅，這沒什麼錯；你想在美國有個好地位，這沒什麼錯。你必須滿足自我。當自我得到了滿足，就會持續不斷的擴展。因為你變得如此擴展，你就會關心全人類，關心地球和一切的事物。這會很自然的發生在你身上，但你必須從滿足自我開始。去得到你想要的教育，獲得好成績，找到好工作，交到你想要的男、女朋友。你必須能夠得到這一切。

自我需要感到安全，自我需要樂趣，自我需要愛，自我需要被重視，自我需要權力，自我需要成長。**請滿足所有這些自我的需求，它們都可以用建設性的方式來滿足。這是靈性成長最快的方式。**如果你改變自己的程式，就可以得到。如果你這麼做，就會得到滿足。自我的滿足會帶來轉化和覺醒，並最終進入全然的合一。

你不應該追求轉化或覺醒，而必須去滿足自我的需求。自我不是「你的自我」，或「他的自我」，就像沒有「你的頭腦」或「我的頭腦」這樣的東西。就只有頭腦，就只有自我。而自我有各種不同的需求。你有某些需求，我有某些需求，而它們都是自我的需求。因此，請滿足自我的需求，不僅自我的需求會得到滿足，你也會迅速的成長。這是成長的第一步。然後，它就會帶來轉化，帶來自由，帶來覺醒，帶來與神深刻的連結。

培養感恩，如何有助於我們的生活？

我們都被程式所控制著。發生在我們生活中的一切，我們的財務狀況、夫妻關係、疾病、成功或失敗，這些都是程式的顯化。程式來自於前世、受孕的時刻、在母親子宮內發生的事情、分娩出生過程、你是如何生出來的，以及出生後前六小時的關鍵時間，接著是前六年。這些過程形成了完全控制著你一切的程式。

程式有正面和負面二種。當你感恩時，程式中所有正面的東西會被啟動，而負面的東西則會被關閉。另一方面，如果你沒有感恩，那正面的東西就會被關閉，而負面的東西則會被啟動。所以改變程式最簡單的方式之一，是培養感恩。透過站在他人的立場，或回顧你的生命，這就會發生了，很輕易就可以實現。一旦你有了感恩，你就會看到你的生活開始改變。

我一直主張**覺醒是神經生理的過程。當你進入感恩的狀態時，大腦本身就會運作得更好，這有助於提升你的意識。**如果沒有感恩，大腦就會變成較差的器官，幫助就不會很多。當你感恩時，那些幫助你的人多少會感覺到你的感激，你就會從他們得到更多的祝福。這有助於你的覺醒過程。因此，在實際經驗中，我們發現有感恩的人成長得比沒感恩的人要迅速許多。

你必須對在你生命中幫助你的每個人充滿感恩，就從感恩你的父母開始。

為什麼我的頭腦中總是有揮之不去的恐懼？

首先，你要瞭解的是，頭腦並不是你的頭腦或某個人的頭腦，而是人類的頭腦。我們認為這是我們的頭腦，但並不是真的如此，這是為什麼我們稱它為「一個頭腦」。所有的頭腦，無論是誰的頭腦，都是這「一個頭腦」。它的中心是恐懼，恐懼是頭腦的核心。不僅如此，頭腦是思想的流動，它來自過去、通過現在、進入未來。頭腦有嫉妒、憤怒、欲望、渴望，這一切都是頭腦的特質。無論是誰的頭腦，都具有相同的特質。

因此，首先要瞭解的是，所有的頭腦都只是「一個頭腦」。譬如你罹患了結核病，你不能說「這是我的結核病」，或「這是她的結核病」。結核病就是結核病。因此，頭腦就是頭腦，它不是你的頭腦，也不是他的頭腦或她的頭腦，只有一個具有這些特質的頭腦。這是首先我們必須瞭解的。

再來，我們必須瞭解**頭腦是非常古老的，與人類一樣古老，完全沒有改變**。古代的人害怕老虎、獅子；而現代人害怕股市投資失利、丟掉工作或失去女朋友。所以它是同樣的頭腦。古代的人想要一支矛，而你渴望一輛汽車、一棟房子或一些這樣的東西。所以它是相同的頭腦，只有恐懼的對象或渴望的對象改變了。你必須瞭解這是個古老的頭腦。它不僅是「一個頭腦」，也是個古老的頭腦。就像糖有一些特質，嚐起來是甜的，比重和比熱是多少。如果以鹽為例，鹽有自己的味道，有它的比重和比熱。這是鹽的特質，而那是糖的特質。你不能使糖變成鹽，也不能使鹽變成糖。同樣的，這些都是頭腦的特質，由大自然所設計，你不能對它做什麼。

頭腦過去是這樣，現在是這樣，未來也會是這樣。因此你必須看見的是：它是「一個頭腦」，是個古老、無法被改變的頭腦。當你真的看見——當你深刻瞭解到改變頭腦是不可能的，並實際看到頭腦是無法被改變時，你就會從頭腦解脫，它就不會再打擾你了。頭腦仍然存在，但它會自己運作，不再侵犯你的意識，不再掌管你、打擾你。它就像一個住在你房子中的陌生人，會自己活動，不會打擾你。

頭腦如何阻礙我們經驗生活？

你的頭腦一直在干擾，使你無法經驗真實。在真實中，痛苦是不可能存在的，因為當你如實經驗真實時，只會有喜悅、幸福和愛，無論真實是什麼。頭腦一直在批判和評論。因為頭腦是思想的流動，而思想就是衡量——它將昨天和今天相比，將今天和明天相比，將某人和別人相比。**頭腦一直在比較和衡量，思想是衡量的工具。**譬如，這裡有個花瓶，你必須就是看著這個花瓶，不以它的顏色、大小或形狀來衡量。如果你想達到如實經驗事物的層次，就必須停止思想。思想是來自於過去，過去就是記憶，而記憶是死的，因此死亡流經你。當你喝咖啡時，為什麼你要想到板球評論或評分？你應該就是在喝咖啡。如果你的過去和未來在心理上死去了，你就會活在當下，就會有巨大的喜悅與幸福。

頭腦不過是思想的流動。沒有思想，你就無法想像頭腦。因此，從頭腦解脫的方式，就是密切的觀照頭腦。如果你不批判、譴責或評論，而是以很友善的方式持續觀照著頭腦，頭腦很快就會變得很微弱，漸漸的就變安靜了。這時所有的痛苦就消失了，你的生活只會有喜悅與愛——無條件的喜悅與無條件的愛。你可能是個乞丐，可能是個痲瘋病患者，但你會擁有無條件的喜悅，這喜悅並不取決於你獲得什麼或失去什麼，喜悅就是存在。你可以是任何人，可能是世界上最有權勢的人、最富有的人，但除非你如實的經驗真實，否則不會有這樣的喜悅與無條件的愛。你對國王和乞丐都有相同的愛，因為思想不存在了。這一切都是可能實現的。

覺醒的人不再與頭腦抗爭。當抗爭消失了，能量就不會浪費。保存的能量就會展現為對他人的關心，以及關係中的愛；在工作中則展現為效率與創造力。簡而言之，你將開始體驗生命。

如何進入覺醒的狀態？

首先是看見自己的內在，你必須對自己完全的誠實。你是誰或你是什麼並不重要。重要的是，你能面對自己嗎？你能對自己誠實嗎？你能與真正的自己待在一起嗎？大多數的人從來沒有誠實的面對自己。這點說起來容易，做起來難。你很害怕自己，不想看見自己，你想將所有內在的醜陋藏在地毯下，但這不會真正對你有幫助。

你所能做的就是看見自己的內在，你不知道自己的內在有什麼，因為一直以來你都在逃避它。實際看見自己的內在是一件令人痛苦的事情，看見你的羨慕想法、你的嫉妒想法、你的恐懼想法、你的焦慮想法，這並不是一個很好的經驗。你一直都在逃避，這是人類唯一的問題。我們告訴你：「轉過身，面對它，看著它。」也許你會說：「好，讓我來試試。」剛開始這可能很困難，但你很快的就會瞭解這很吸引人，實際上看見它是很棒的事情。

當你看見你的陰暗面、你的負面，奇妙的是，你就會停止譴責，因為你知道這是真實的。隨著這點，喜悅就會來臨；而隨著喜悅來臨，很快的你就會發現衝突完全消失了。不是你的負面消失了，不是你不再嫉妒、不再憤怒、不再恐懼。不，不，不，不是這些東西。你在生命中第一次可以說：「是的，我是這個，我不會感到羞愧。那是唯一真實的，我是如實的。」

問題在於你沒有覺知到內容。如果你覺知到內容，你就會覺醒。**覺知不是到達目的的手段，覺知本身就是目的。**覺知就是覺醒。你覺知到什麼一點都不重要，無論你是看著雲朵、樹木或某個人，都不是問題，問題在於你是否真的看見了？看見就是解脫。這時你就在靈性上邁出了第一步，同時也是最後一步。此後，一切都是自動的。不需要師父，不需要教導，這是完全自動的。

當你覺知時，在那一刻你就覺醒了，在那一刻你就開悟了；如果你喪失了覺知，覺醒在下一刻就消失了。當你的覺知不斷成長，覺醒的時間就會越來越長，如果覺知持續不斷的成長，覺醒就會持續存在著。

覺醒對我的工作有什麼影響？

現在你卡在頭腦中，你繼續做這些事情來逃避自己的痛苦。當你覺醒時，你會做同樣的事情、同樣的工作、同樣的職業、同樣的業務，但你對這些事情的經驗將是完全不同的。

譬如，你是一個木匠。當你覺醒時，你在做木工時，不再把木工當成一份差事，而會愛上它，你會體驗工作的每一個片刻。譬如，你是個辦公室的職員。當你將墨水寫在紙上，持續抄寫一些數字或東西時，你會感到相當愉快，對你而言這不再是工作。譬如，你是一個旅館老闆，這也是很令人愉快的。所有的工作都會變得相當令人愉快。但，現在工作對你而言是件苦差事，你必須為生存而工作，或把工作作為一種逃避自己痛苦的手段。然而，你不再需要這麼做了。

在覺醒之後，你依舊繼續做著同樣的工作，什麼都沒改變。如果你是個裁縫師，覺醒之後，你仍然是個裁縫師；或者你是個理髮師，那你仍然是個理髮師；或者你是個科學家，那你仍然是個科學家。什麼都沒改變。同樣的妻子，同樣的孩子，同樣的家庭，但這一切對你而言不再相同，你對它們的經驗完全不同了。

一旦你覺醒了，每件小事情都可以是靈性的。工作的動作可以是靈性的，去辦公室可以是靈性的，看著烏鴉可以是靈性的，一切都是靈性的。**一個人可以藉著持續世俗的追求而在靈性上成長。一切需要的就是對你正在做的事情有強烈的覺知。**覺知就是關鍵，你追求什麼是無關緊要的。

當許多人覺醒時，世界會繼續進步，但這進步是以不同的方式，人們不再是為了自己，而是為世界的利益而做一些事情。因此，我們可以為了人類的利益發現更多的東西，創造更多的事物。人類的利益將取代自身的利益。

覺醒對成功有什麼助益？

我們都被程式所控制著，程式有正面的部分和負面的部分。如果你有很多正面的程式，你就會有非常成功的生活。而當你有太多負面的程式時，在生活中就會遭遇問題。然而，程式可以被改變，你可以啟動正面的部分，消除負面的部分。

當你覺醒時，就會關閉負面的方面。因此，你的財務問題就會解決，在生活中就會有更多的成功，你的健康改善了，人際關係改善了，一切都會開始好轉。如果你有財務問題，你將發展出豐盛意識；當你發展出豐盛意識，財富就會來臨。

覺醒有助於學業，處理壓力，在每一方面都能幫助你。覺醒者的大腦會變得非常敏銳。覺醒的人之中有醫生、律師、各行各業，他們都非常出色，遠比尚未覺醒的人更有效率，這是因為他們的大腦運作得更有效率。事實上，他們善於工作，對工作非常擅長。你會變得很有效率、很有能力，因為壓力、緊張和衝突都消失了。假設你主修的是工程，當你覺醒時，你就會毫不費力的在工程學獲得更高的分數，因為你的大腦變得非常敏銳。

現在你們大多數的人無法在工作或學習中專注，是因為你的大腦腦波在β波的狀態。每個人都在β波的狀態。舉例來說，一個老師在學校中要教五十名學生。當她上課時，有幾個學生不專心。老師很生氣，用打罵方式處罰這幾個學生，但她沒有瞭解到學生會不專心是因為他們處於β波的狀態，而老師也是在β波的狀態。當你在覺醒的狀態中，就是二十四小時都在α波的狀態，而不是在β波。

在一九九二年時，幾位合一大學的指導老師經歷了覺醒過程。然後那幾個老師到德里去解一些數學運算——那是最優秀的人才都解不開的問題，但這些覺醒的人在幾分鐘、幾小時內就將問題解開了！他們都不是數學專才，他們只是在α波的狀態中解題。

為什麼我的悲傷感覺比快樂更真實？

重要的是瞭解：在大多數人的情況中，悲傷肯定是更真實的，因為悲傷是你的、是真實的。而**幸福是淺薄的，幸福不是你的，它依賴某些東西或某個人。任何讓你依賴的東西，無論你一時感覺有多快樂，蜜月期很快就結束了，比你所預期的更快。**如果你覺得幸福是因為你的女朋友或男朋友，但他們是不同的生命，他們不會在所有的事情上都和你有共識。事實上，大部分的情況是丈夫喜歡的，妻子就不喜歡；妻子喜歡的，丈夫就不喜歡。很奇怪，這情形很普遍。

其中有一些原因。他們在內心深處，其實憎恨彼此。原因很簡單，因為他們依賴彼此以獲得幸福，而沒有人喜歡依賴。被奴役不是人內在的渴望。如果一個女人或男人給你帶來快樂，你就會變得依賴，而同時你也會產生深刻的仇恨——因為你依賴他。你無法離開這個女人，因為她讓你開心。你無法離開你對這個女人的仇恨，因為她使你依賴她。

因此，所有所謂「愛」的關係都是很奇怪、很複雜的現象。它們是愛恨交織的關係。恨需要以某種方式來表達，這就是為什麼你妻子喜歡的，你就不喜歡；你丈夫喜歡的，你就不喜歡。夫妻在每一件小事上都發生爭執，而且是巨大的爭執。去看什麼電影？上哪家餐廳？馬上又有了爭執。這是在快樂表面下的仇恨。快樂仍然很淺薄、很稀少，只要刮一下，你就會發現相反的事物。

但傷痛是更真實的，因為你不仰賴任何人。傷痛是你的，絕對是你的。這給你一個很大的啟示：就是你的悲傷比你的幸福更能幫助你。你從來沒有仔細的看著悲傷，而是用許多的方式盡量避免看到它。如果你感到悲傷，就會去看電影；如果你感到悲傷，就會打開電視；如果你感到悲傷，就會去找朋友玩、去俱樂部。你開始做某些事情，這樣你就不必看到悲傷。但這不是正確的方式。當你悲傷時，這是個重大的現象，非常神聖，是你自己的某個東西。認識它，深入它，你就會很驚訝。靜靜的坐著，保持悲傷。悲傷有它自己的美。

悲傷是沉默的，悲傷是你的。因為你孤獨，所以悲傷來臨，它給你更深入孤獨的機會。**不要從一個淺薄的快樂跳到另一個淺薄的快樂，這是在浪費你的生命。最好是將悲傷作為靜心的一種方法，觀照悲傷。**悲傷是你的朋友，它打開了你的永恆孤獨之門。

你沒有辦法不孤單，你可以欺騙自己，但你無法得逞。我們用各種方式欺騙自己，用關係、事業野心或是追逐名望，在做這個或在做那個之中。我們試圖說服自己我們並不孤單，我們並不悲傷。但你的面具遲早會被揭穿，因為它是假的，它無法永久保持，然後你就必須戴上另一頂面具。在一個小生命中，你戴了多少頂面具？而有多少面具消失了、改變了？但你持續這個老習慣。

如果你想成為一個真正的人，運用悲傷，不要逃避它，悲傷是一個偉大的祝福。靜靜的坐著，與悲傷待在一起，在悲傷當中欣喜。感覺悲傷沒什麼不對，你越熟悉悲傷和它的細微差別，你會很驚訝這是一個巨大的放鬆、巨大的休息，你會恢復精神、清新、年輕、活潑。一旦你嚐到了它，你就會一再的尋求這美麗的憂傷時刻。你會等待它們，歡迎它們，而它們會打開你孤獨的新大門。

在孤獨中，你誕生；在孤獨中，你死去。在生死這兩個孤獨之間，你可以欺騙自己你並不孤單，你有妻子、丈夫、孩子、金錢、權力。但在生死這兩個孤獨之間，你是孤獨的。一切都只是為了讓你忙著某些事情，好讓你不會意識到這一點。

如何持續經驗到喜悅？

喜悅是你真正的本性，你不必仰賴任何事物來得到喜悅。如果你仰賴某個事物，那是樂趣，不是喜悅。喜悅不需要什麼，喜悅是完全無條件的。任何事物都可以帶給你喜悅。舉例來說，我就待在這個房間裡，不到任何地方，除了與來此的西方人會面，和他們談話。我只是生活在一個簡單的房間裡，在前面有個草坪，當我看到烏鴉飛來，這帶給我巨大的喜悅；當烏鴉啼叫，這帶給我喜悅；當狗吠叫，這帶給我喜悅；當我看到一隻螞蟻在行走，這帶給我喜悅；當一片樹葉在搖晃，這帶給我喜悅。你不需要任何東西來帶給你喜悅，因為喜悅是你的自然狀態，任何事物、一切事物都可以帶給你喜悅。

但要做到這一點，你必須去除對頭腦、身體和思想的認同。當你持續看見內在發生的，你逐漸就會開始去除對思想、頭腦和身體的認同。你認為你的頭腦是你的頭腦，但你的頭腦不是你的頭腦，它就是頭腦——是古老的頭腦，是「一個頭腦」。頭腦在你內在以這種方式運作，你必須能夠看到這一點，從你的頭腦分離。當你與頭腦分離，不再與頭腦認同時，一切就改變了。然後，每一刻都是喜悅的。你不需要從事任何的活動來逃避你的無聊，因為你真正的本性就是喜悅。但你無法體驗到它，因為你一直以來都與你的頭腦和思想認同。**當你開始不斷的去除認同時，你的觀照也會成長，最終你就會成為純粹的觀照，你不過是純粹的**

意識。

如果你能去除認同，就只有喜悅。那時，你就完全充滿了無條件的愛和喜悅。你不必去看電影、跳舞，或參加聚會，那些是樂趣——當然，你可以擁有這些，這沒有問題。但喜悅不需要這些，喜悅是你的本性，任何簡單的事情都會帶給你喜悅。只是看著某個人就會帶給你喜悅；看著一隻鳥就會帶給你喜悅；看著兩個人爭執也可以帶給你喜悅，他們一直爭執是多麼的美。一切事物都會帶給你喜悅，因為感知改變了，一直都只有喜悅。

Spiritual Life 14

啓動你內在的成功密碼：

發現天命、迎向豐盛，與宇宙共同創造你渴望的生活

Activate Your Inner Codes: Co-Cocreate a Successful Life With God

作者／巴觀（Sri Bhagavan）
編譯／傅國倫
封面設計／斐類設計工作室
內頁排版／李秀菊
特約編輯／簡淑媛
校對／簡淑媛、傅國倫、黃妏俐

新星球出版 New Planet Books

業務發行／王綬晨、邱紹溢
行銷企劃／陳詩婷
總編輯／蘇拾平
發行人／蘇拾平
出版／新星球出版
105台北市松山區復興北路333號11樓之4
電話／（02）27182001
傳真／（02）27181258
發行／大雁文化事業股份有限公司
105台北市松山區復興北路333號11樓之4
24小時傳真服務／（02）27181258
讀者服務信箱／ Email:andbooks@andbooks.com.tw
劃撥帳號／19983379
戶名／大雁文化事業股份有限公司

國家圖書館出版品預行編目(CIP)資料

啟動你內在的成功密碼：發現天命、迎向豐盛，與宇宙共同創造你渴望的生活／巴觀（Sri Bhagavan）著；傅國倫編譯. -- 初版. -- 臺北市：新星球出版：大雁文化發行, 2015.05
面；　公分. -- (Spiritual life ; 14)
譯自：Activate Your Inner Codes: Co-Cocreate a Successful Life With God
ISBN 978-986-90681-8-5（平裝）
1. 靈修　2. 人生哲學
192.1　　104006334

初版一刷／2015年5月　定價：新台幣320元
初版十刷／2021年9月
ISBN：978-986-90681-8-5